Göttin Hel –
die Flamme des Lebens

Johannes H. von Hohenstätten

Mein Dank geht an Peter Windsheimer
für das Design sämtlicher Bilder.

Für Schäden, die durch falsches Herangehen an die Übungen an Körper,
Seele und Geist entstehen könnten, übernehmen Verlag und Autor keine
Haftung.

© 2020 von Hohenstätten, Johnnes
Herstellung und Verlag: BoD – Books on Demand, Norderstedt
ISBN: 9783752641271

Erstes Buch.
Die Verhüllte.

1. Kapitel.
Schiffbruch.

Das milde Silberlicht des atlantischen Vollmondes lag über dem Meere. Eine leichte Brise füllte die Leinwand des Seglers, der sich in rascher Fahrt der Ostküste des Kontinents näherte, welcher trotz aller Forschungs- und Entdeckungsreisen noch so manches Geheimnis in seinem Innern birgt. Da es beinahe Mitternacht war, so lag fast die gesamte Mannschaft teils auf, teils unter Deck, in tiefstem Schlafe. Nur Farad, ein riesiger Ägypter, stand aufrecht, wie aus Erz gegossen vorm Steuer, und in seiner Nähe saßen rauchend! und plaudernd die beiden Europäer, die das Schiff für ihre Zwecke gemietet hatten.

„Morgen früh", sagte der Ältere, „sollten wir, wenn der Kapitän sich nicht geirrt hat, was ich aber für sehr möglich halte, die Küste mit dem Felsen in Gestalt eines Menschenschädels, der auf einen alten Kult hinweist, erblicken und den Fuß aufs Land setzen, um unsere Jagdexpedition zu beginnen."

„Das heißt", verbesserte ihn der Jüngere, „unsere Suche nach der alten Ruinenstadt und Hel, der Erdmutter oder der Flamme des Lebens."

„Ach, Unsinn, Leo! Daran glaubst du doch selbst nicht im Ernst. Übrigens. hast du dich vorhin eine ganze Weile mit diesem Farad in ägyptischer Konversation geübt. Was erzählte er dir? Als ehemaliger Sklavenhändler, der er zweifellos gewesen ist, müsste er doch diese Gegend genau kennen. Hat er niemals von der Kult- und Ruinenstadt und den Höhlen gehört?"

„Nein. Onkel Frank. Er sagt, das ganze Hinterland sei sumpfig und voll von Schlangen und reißenden Tieren. Aber schau dorthin! Was ist das für eine Wolke? Sie kam aus dem Nichts!"

Er wies mit ausgestreckter Hand auf einen dunklen Streifen, der sich einige Meilen hinter dem Schiffe zwischen Meer und Himmel zeigte. Der als Onkel Frank Angeredete zuckte die Achseln.

„Das kann ich dir nicht sagen, Leo, Geh und frage den Steuermann!"

Der Jüngere tat, wie ihm geheißen, und kam sogleich zurück.

„Farad sagt, es sei eine Flutwelle, aber sie werde in einiger Entfernung; von uns vorübergehen.

In diesem Augenblick erschien ein dritter Europäer auf Deck, der Diener der beiden, ein strammer Bursche, dessen ehrliches rundes Gesicht, seit er sich in diesen fremden Zonen befand, einen Ausdruck permanenter Verwunderung angenommen hatte.

„Bitte, Sir", sagte er, an seinen Tropenhelm rührend, den er weit ins Genick verschoben trug, „da wir alles Schießgerät, Munition und Proviant in das Beiboot verstaut haben, so wäre es vielleicht ratsam, wenn ich mich auch darin schlafen legte. Diesen schwarzen Kerls", er sah sich vorsichtig um und dämpfte seine Stimme zu einem lautlosen Flüstern, „ist nicht zu trauen. Es könnten ein paar von ihnen die Dunkelheit benutzen, um in das Boot zu kriechen, das Tau durchzuschneiden und sich mit unseren Vorräten davonzumachen. Das wäre dann eine schöne Bescherung!"

„Meinetwegen, Job!", stimmte der Ältere zu. „Decken für ein Nachtlager sind ja genug in dem: Boot. Nur gib acht, dass du dich nicht gerade in den magnetischen Einfluss des Mondschein legst, sonst verdreht er dir vollends den Kopf."

„Ach Gott, Sir, das würde schon nicht mehr viel ausmachen! Mein Kopf ist längst ganz wirr von dem Anblick dieser schwarzen Taugenichtse und ihrer Diebereien."

„Woraus man ersehen kann, dass Job kein Bewunderer der Sitten und Gebräuche seiner dunkelhäutigen Bruder war.

Alle drei Männer machten sich nun daran, das Beiboot vermittelst des Taues heranzuziehen, und als es dicht am Schiffe lag, sprang Job hinein, ungefähr mit der Grazie eines fallenden Kartoffelsackes.

Hierauf kehrten Onkel und Neffe an ihren Platz in der Nähe des Steuermannes zurück, um ihre Mondscheinunterhaltung fortzusetzen, Weder der eine noch der andere dachte daran, sich nach unten zu begeben und seine Schlafstelle aufzusuchen. Aber die Laue Nachtluft wirkte doch einschläfernd auf sie, und so kam es, dass ihr Gespräch allmählich versickerte und ihnen schließlich die Augen zufielen.

Ein plötzlicher Windstoß weckte Onkel Frank aus seinem Halbschlummer. Auch die Bemannung war wachgeworden. Laute Schreckensrufe ertönten. Ein Wasserstrahl traf ihn wie ein Peitschenhieb ins Gesicht, so heftig, dass er davon vollends munter wurde. Er sah, wie etliche von den Leuten sich vergeblich mühten, das Segel niederzuholen. Irgendwie musste das Takelwerk in Unordnung geraten sein. Er sprang auf die Füße und klammerte sich an ein Tau, sonst wäre er sofort wieder zu Boden gestürzt. Rückwärts war der Himmel pechschwarz, aber noch immer schien der Mond und milderte die Finsternis, so dass man den weißschimmernden

4

Kamm einer gewaltigen Woge erkennen konnte, die mit unheimlicher Geschwindigkeit auf das Schiff zukam. Im nächsten Augenblick wurde das leichte Beiboot von der hereinbrechenden Woge hoch emporgehoben und über das Schiff, das sich krachend auf die Seite legte, hinweggetragen. Onkel Frank war es, als sei er minutenlang unter Wasser gewesen, und doch waren es nur wenige Sekunden. Als er endlich wieder auftauchte, vernahm er Jobs gellenden Zuruf: „Herein ins Boot, Sir! Herein ins Boot!" Dieser wohlgemeinten Einladung nachzukommen, war freilich beim besten Willen nicht so leicht. Das Tau, welches das Boot mit dem Schiff verbunden hatte, war zerrissen. Das Boot wurde abgetrieben, und das Schiff, das voll Wasser war, sank zusehends. Da galt also kein langes überlegen. Der Sprung musste gewagt werden und gelang! Und dicht hinter Onkel Frank folgte Farad, der ägyptische Steuermann. Alle übrigen waren von der Flutwelle über Bord gespült worden und höchstwahrscheinlich verloren.

Als dies Onkel Frank zum Bewusstsein kam, schrie laut auf: „Großer Gott, wo ist Leo? Leo! Leo!" Aber von dem jungen Mann war nichts zu sehen.

„Er ist fort, Sir; Gott helfe ihm!" – Job rief; nein, brüllte es in das Ohr seines Herrn, doch der Aufruhr eines der vier Elemente war so laut, dass darin selbst Stentors Stimme nur als ein Wispern vernehmbar gewesen wäre. Onkel Frank rang in Verzweiflung die Hände. Leo war ertrunken, und er sollte am Leben bleiben, ihn zu betrauern!

„Achtung!", rief Job abermals. „Da kommt eine zweite Woge!"

Und so war es. Die Mondscheibe war jetzt schon zum Teil von der sich heranwälzenden Finsternis des Unwetters verschlungen. Trotzdem erglänzte der Schaum der Woge wie phosphoreszierend und mitten drin zeigte sich ein dunkler Gegenstand – vielleicht ein Trümmerstück von dem Segler, der nach dieser zweiten Überflutung nicht mehr zum Vorschein kam. Glücklicherweise war das Boot von modernster Konstruktion, mit luft- und wasserdichten Schotten, so dass es nicht so leicht untergehen konnte. Es wurde abermals haushoch emporgehoben und füllte sich nahezu mit Wasser. Aber Onkel Frank achtete kaum darauf. Er verwandte keinen Blick von dem schwarzen Ding, das die Flut gerade auf ihn zutrug. Sich mit der Linken am Bootsrande festhaltend, streckte er den rechten Arm aus, um es von sich abzuwehren, da – seine Hand berührte einen anderen Arm und sofort griff er zu und seine Finger schlossen sich fest wie ein Schraubstock. Onkel Frank war ein außergewöhnlich kräftiger Mann, sonst wäre es ihm wohl kaum gelungen, den schwimmenden Körper der Flut zu entreißen. Als die Woge vorüber war, standen die Geretteten bis zu den Knien im Wasser.

„Ausschöpfen!", mahnte Job. „Wir müssen ausschöpfen!"

Zugleich griffen er und Farad zu den Schöpfeimern, während Onkel Frank sich tief zu dem Ohnmächtigen – oder Toten? – niederbeugte, dessen Gesichtszüge jetzt, da auch der letzte Mondstrahl erloschen, kaum zu erkennen waren. Schließlich, mehr durch Betasten als durch den Anblick, verschaffte er sich dennoch Gewissheit. Es war Leo, Leo, den die Woge, lebendig oder tot, zurückgebracht hatte aus dem leibhaftigen Todesrachen.

„Ausschöpfen!", wiederholte Job. „Helfen Sie ausschöpfen, Sir, sonst sinken wir!" – Das war inmitten des Kampfes zwischen Sturm und Wogen, die das Boot wie eine Nussschale umherschlenderten, eine anstrengende Arbeit. Und als sie endlich, nach fast einer halben Stunde, damit fertig waren, kam ein neuer Schreckten.Ganz plötzlich wurde das Heulen des Sturmes von einem dumpferen, tieferen Brüllen übertönt. Was war das? Onkel Frank hatte die Frage nicht laut ausgesprochen, aber Farad, der gleichfalls lauschend dagestanden, stieß einen Schrei des Entsetzens aus: „O Allah – das ist die Brandung! Wir sind verloren!"

Soeben brach der Mond wieder durch, wie um den Schiffbrüchigen die neue Gefahr recht deutlich vor Augen zu führen. Kaum eine halbe Meile vor ihnen lag sich eine lange Linie weißlichen Schaumes entlang. Dann folgte ein dunkler Zwischenraum und dahinter abermals ein weißer Streifen. Ja, gewiss, das war die Brandung, deren Donnerstimme mit jedem Augenblick deutlicher vernehmbar wurde, da das Boot, vom Sturme beflügelt, wie ein abgeschossener Pfeil darauf zujagte. Onkel Frank fasste sich schnell.

„Ans Steuer, Farad!", befahl er auf altägyptisch, die Sprache der Götter. „Wir müssen versuchen hindurchzukommen!"

Gleichgültig ergriff er ein Ruder und legte es aus und Job tat dasselbe. Farad aber stolperte nach hinten und bemächtigte sich des Steuers. Gerade vor ihnen zeigte sich der Schaumstreifen der Brandung etwas dünner als weiterhin zu beiden Seiten. Dort musste sich also eine Lücke von tieferem Wasser befinden, und das bot vielleicht eine Rettungsmöglichkeit. Onkel Frank wandte sich um und streckte den Arm aus: Aufgepasst, Farad! Dahin halte es! Es gilt das Leben!"

Der Ägypter war ein sehr tüchtiger Steuermann und wohlvertraut mit den Gefahren dieser Küste. Er umklammerte das Steuer mit beiden Händen und stemmte den einen Fuß gegen die vor ihm befindliche Sitzbank. Das Boot gehorchte dem! Druck des Steuers und sein Schnabel richtete sich genau auf die bezeichnete Stelle. Eine Minute später befand es sich mitten in der Brandung. Für einen Moment schien es, als sollte es doch noch zugrunde gehen. Es wurde von einem Wirbel erfasst und mehrmals herumgedreht, und das Wasser schlug von allen Seiten hinein. Aber Farad wankte nicht und es gelang ihm, obwohl er kaum vor sich zu sehen vermochte, das Steuer unverrückt festzuhalten. Da hatte aber auch schon das Boot die Brandung passiert, welche durch eine der Küste vorgelagerte Riffkette verursacht war, und gelangte in ruhigeres Fahrwasser. Abermals mussten nun alle drei die Schöpfeimer handhaben und während sie noch damit beschäftigt waren, kam Leo, der Gottseidank nicht tot, sondern nur ohnmächtig gewesen war, zu sich und öffnete die Augen. Onkel Frank, der es sofort bemerkte, atmete erleichtert auf.

„Bleib nur ganz ruhig liegen, mein Junge!", forderte er ihn auf, und Leo, dessen Erinnerungsvermögen noch versagte, so dass er sich der Situation kaum bewusst war, gehorchte und schloss die Augen Wieder, wie um einen unterbrochenen Schlaf fortzusetzen.

Da die Riffkette eine dreifache war, so hatten die Schiffbrüchigen nach dieser ersten noch zwei weitere Brandangslinien zu überwinden, die aber lange nicht mehr soviel Gefahr boten. Farads kräftige Fäuste und die wasserdichten Schotten retteten ihnen das Leben.

Der Sturm hatte inzwischen nachgelassen, der Himmel sich ausgeheitert und im vollen Schein des untergehenden Mondes erblickten sie dicht vor sich die felsige afrikanische Küste.

2. Kapitel.
Der Papyrus Vincey.

Wer waren nun eigentlich diese beiden Europäer; der Onkel Frank und sein Neffe Leo, die unter so schweren Gefahren in Ostafrika, einer atlantischen Kolonie landeten, und welches abenteuerliche Unternehmen hatte sie dahingeführt? Was hatte es mit der Ruinenstadt und den Höhlen für eine Bewandtnis, von denen Leo gesprochen hatte, und deren Existenz sein älterer Verwandter bezweifelte? Und was war unter der Flamme des Lebens – der Göttin Hel – zu verstehen, die vielleicht den Kern des Geheimnisses und die eigentliche Verlockung zu der gefahrvollen Reise bildete? Die Vorgeschichte, welche dem geneigten Leser diese Fragen beantworten soll, ist fast so umständlich, wie die ganze noch vor uns

7

liegende, und es wird nötig sein, die Darstellung auf das Allerwichtigste zu beschränken, um sie in den Rahmen eines einzigen Kapitels zusammenzudrängen.

Unter den vielen Tausenden von Papyri der Sammlung des Britischen Museums in London befindet sich auch einer von bescheidenem Umfang, mit griechischem Text, der sich äußerlich vor den übrigen nur dadurch auszeichnet, dass seine gefälligen, leicht lesbaren Schriftzeichen offenbar eine weibliche Hand, verraten. Sein Inhalt freilich ist desto interessanter und lautet in wortgetreuer deutscher Übersetzung wie folgt: „Ich, Amenartas, aus dem Königshause der ägyptischen Pharaonen, Gattin des Kallikrates, eines Priesters der Isis, dem die Götter gnädig sind und die Dämonen gehorchen, auf dem Sterbebette an meinen kleinen Sohn Tisithenes.

Ich floh mit deinem Vater aus Ägypten in den Tagen Nektanebos II (der letzte eingeborene Pharao, lebte im 4. Jahrhundert v. u. Zeitrechnung), nachdem er aus Liebe zu mir seinen heiligen Pflichten untreu geworden war. Wir reisten südwärts über das Wasser, und wanderten zweimal zwölf Monate die Küste Libyens entlang, die gegen Sonnenaufgang liegt, bis wir an die Mündung eines Flusses gelangten, neben welcher sich ein gewaltiger Felsen erhebt, gleich dem Riesenschädel eines Äthiopiers. Auf der Weiterfahrt von dieser Flussmündung erlitten wir vier Tage später Schiffbruch und einige von uns ertranken, andere starben an Erschöpfung; wir Überlebenden, aber wurden von Wilden aufgegriffen, die uns durch unwegsame Sümpfe schleppten, wo die Menge der Vögel den Himmel verdunkelte. Nach zehn Tagreisen endlich gelangten wir an ein mächtiges Gebirge; an dessen Abhang sich eine verfallene Stadt befand, und ein unendliches Labyrinth von Höhlen. Und man brachte uns vor die Königin des Volkes derer, welche Töpfe auf die Köpfe der Fremden setzen; die war eine große Zauberin, aller Dinge kundig und mit unvergänglicher Jugend und Schönheit aufgrund der irdischen Kenntnis der Alchemie begabt. Und sie entbrannte in Liebe zu deinem Vater und begehrte sein Lager zu teilen, mich aber umzubringen. Kallikrates Jedoch, der mich liebte und die Königin fürchtete, war ihr nicht zu Willen. Da ließ sie uns ergreifen und auf furchtbaren Wegen, mit Hilfe magischer Künste, an den tiefen Schlund führen, an dessen Zugang der Leichnam des alten Weisen lag. Und sie zeigte uns die unauslöschliche Flamme des Lebens in der tiefen Erde, die einer sich drehenden Säule gleicht – wie die schöpferische Fa-Feuer-Säule von Moses – und deren Stimme wie die Stimme des Donners ist.

8

Und die Königin stellte sich in die Flamme und trat wieder daraus hervor, unversehrt und noch schöner als zuerst. Hierauf schwor sie einen Eid, auch deinen Vater unsterblich zu machen wie sie selbst war, wenn er einwillige, ihr Gemahl zu werden und mich zu töten – denn selbst vermochte sie es nicht, dank der Magie unseres eigenen Volkes, auf dessen Runenpraktiken ich mich verstand. Aber Kallikrates bedeckte seine Augen mit der Hand, um sich gegen den Anblick ihrer weiblichen sexuellen Reize zu schützen und verharrte bei seiner Weigerung. Da geriet sie in maßlosen Zorn und schlug ihn mit Zauberkraft, indem sie ihm einen Blitz aus dem linken Zeigefinder der Is-Geste entgegenschleuderte, dass er starb. Dann weinte sie über seiner Leiche und bestattete ihn unter Wehklagen.

Mich aber, vor der sie sich fürchtete, trieb sie fort bis an die Mündung des großen Flusses, wo Schiffe anlegen. Und auf einem solchen fand ich Zuflucht und brachte dich, mein Sohn zur Welt. Und nach manchen Irrfahrten und Mühsalen gelangte ich nach Athen. Und nun mein Sohn Tisisthenes, sage ich dir und hinterlasse dir den Auftrag: Du wirst jenes Weib aufsuchen und das Geheimnis des Lebens, der Erdgöttin Hel, erforschen, und wirst die Königin töten, wenn du es vermagst, um deinen Vater Kallikrates zu rächen. Und für den Fall, dass es dir an Mut gebricht oder du Misserfolg hast, sage und gebiete ich dasselbe deinen Nachkommen, bis endlich doch vielleicht unter ihnen ein Tapferer sich findet, dem es gelingt, sich in der Flamme des Lebens zu baden und, zur Unsterblichkeit geläutert, den Thron der Pharaonen zu besteigen und die Herrschaft über alle Völker zu erlangen.

Ich weiß wohl, Tisisthenes, dass mein Bericht unglaublich klingen muss, und doch enthielt ich mich aller Lüge oder Übertreibung und erzählte nur wirklich Selbsterlebtes. Du aber, mein Sohn…"

An dieser Stelle war der Papyrus abgerissen, doch konnte man sehen, dass das fehlende Stück nur noch wenige und jedenfalls ziemlich belanglose Sätze umfasst hatte. Die Hauptsache war erhalten geblieben, und wenn die Verfasserin vertrauenswürdig war, so handelte es sich hier um ein Dokument, das an Kostbarkeit noch den berühmten „Periplus" des Karthagers Hanno, der um 500 v. u. Z. Afrika umschiffte, und die vielumstrittene Inschrift von Parahyba in Brasilien, die eine ungefähr gleichzeitige Landung der Phönizier daselbst bezeugt, übertraf. Aber die Herren Altertumsforscher sind Philologen, die den Periplus für echt und die brasilianische Inschrift für eine Fälschung erklärt hatten, waren auch über den Bericht der Amenartas schnell mit ihrem Urteil fertig: Sie hielten ihn, wegen seines wunderbaren Inhaltes einfach für ein Märchen, und keiner von ihnen würde einen Finger gerührt haben, seine Nachprüfung zu veranlassen.

Der Papyrus stand im Katalog des Britischen Museums als Nr. 10309, Papyrus Vincey verzeichnet. Seinen Namen hatte er von dem Entdecker, dem jungen Dozenten Leo Vincey von der Universität Cambridge, der ihn bei den neuesten Ausgrabungen in Athen, am Fuße der Akropolis, ans Licht befördert hatte.

Leo Vincey war, wie gesagt, ein junger Mann und von dem Kritizismus und der Pedanterie seiner älteren Kollegen vom Lehrfache noch wenig angesteckt. Außerdem neigte er zum Okkultismus und hielt es nicht für gerechtfertigt, die Möglichkeit einer Begebenheit oder Erscheinung nur deshalb zu leugnen, weil sie aus dem Rahmen des Alltäglichen und exakt-wissenschaftlich Erklärbaren herausfiel. Warum, so fragte er sich, soll diese Flamme des Lebens durchaus eine Erdichtung sein? Woher nehmen wir heute, im Zeitalter des Radiums und der drahtlosen Telegraphie, noch den Mut zu solch verstocktem Unglauben? Haben uns nicht die Forschungsergebnisse an der Cheopspyramide darüber belehrt, dass die Alten vor vielen Jahrtausenden bereits Kenntnisse besaßen, die den unseren mindestens ebenbürtig wären? Und was den Vergleich mit dem Radium anbelangt: Freilich, das Radium ist selten und kostbar, aber so war auch das Edelgas Helium, bis man in den Vereinigten Staaten und Kanada Heliumquellen entdeckte, denen es in solchen Mengen entströmt, dass man es jetzt sogar zur Füllung lenkbarer Luftschiffe verwendet! War es da nicht sehr wohl denkbar, dass es in irgendeinem noch unerforschten Winkel z. B. dies afrikanischen Kontinents einen Krater oder Erdspalt gab, aus welchem eine der Wissenschaft noch unbekannte feurige, leuchtende Materie hervorbrach?

So oft Leo seinem Oheim mütterlicherseits, Frank B., mit solchen Fragen und Vermutungen kam, beschwor ihn dieser händeringend, wenigstens dritten Personen gegenüber damit zurückzuhalten, um seine akademische Laufbahn nicht zu gefährden. Denn er fühlte sich weitgehend verantwortlich für den jungen Gelehrten, den er als Frühverwaisten in sein Junggesellenheim aufgenommen, den er hatte studieren lassen und der ihn dereinst beerben sollte. Aber die Jugend ist schwer zu warnen, und eine fixe Idee mit Worten allein kaum erfolgreich zu bekämpfen.

Lee Vincey hatte zwar den Papyrus dem Britischen-Museum geschenkt, doch, als er merkte, dass derselbe in der Gelehrtenwelt nicht die verdiente

Beachtung fand, reute es ihn beinahe, und er würde ihn gerne wieder zurückgenommen haben, wenn das noch mit Anstand möglich gewesen wäre. Und so kam es, dass er nun fast täglich im Handschriftensaal der Bibliothek anzutreffen war, wo er vor seinem Papyrus saß, den er immer wieder aufs neue durchstudierte, Buchstaben für Buchstaben mit der Lupe untersuchend, obwohl er den kurzen Text längst auswendig wusste und sozusagen bis auf jedes i-Tüpfelchen kannte.

Die erste Frucht dieses gründlichen Studiums war eine Musterausgabe des Textes mit englischer Übersetzung und erläuternden Anmerkungen. Diese Publikation wurde in den Fachzeitschriften sehr beifällig besprochen, aber schon nach ein paar Tagen begann wieder Gras über die Angelegenheit zu wachsen. Nun Dr. Vincey war nicht der Mann, sich mit einem halben Erfolg zufrieden zu geben. Seine Entdeckung sollte Aufsehen erregen, der Papyrus, der seinen Namen trug, berühmt werden und das Problem der Flamme des Lebens, welche, wie wir Hermetiker wissen, nur durch eine runische Anrufung erscheinen kann, auf lange hinaus im Mittelpunkt des öffentlichen Interesses stehen. So wollte es sein Ehrgeiz, und wenn die Philologie und Geschichtswissenschaft nicht das nötige Verständnis aufbrachte, so würde er sich eben an die Okkultisten wenden, denen in ihrem Kampf wider die Vorurteile unserer ungläubigen Zeit eine solche Sensation gewiss willkommen war.

Wenige Wochen später vollendete der junge Gelehrte eine zweite Broschüre, die er seinem Oheim im Manuskript vorlegte. War er in der ersten streng wissenschaftlich verfahren, so ließ er nun in dieser dafür seiner Phantasie die Zügel schießen. Denn ganz abgesehen von dem Feuerschlund, welchem die Flamme des Lebens entstieg, und der liebesdurstigen Königin der Sexualmagie, die in ihr sich verjüngte, boten auch sonst die Angaben des Papyrus Stoff zu allerhand Mutmaßungen. Da war der Landeplatz an der Flussmündung, der Felsen in Gestalt eines Ureinwohner-Schädels, die Stadt am Fuße des Höhlenberges und das Volk, das die absonderliche Gepflogenheit hatte, jeden Fremden, die zu ihm kamen, Töpfe auf die Köpfe setzen, was auf die Krönung der Persönlichkeit hindeutet – lauter Einzelheiten, die durchaus nicht den Eindruck freier Erfindung machten. Es war klar, dass mit der Entdeckung des Berichtes der Amenartas auch die Frage nach dem biblischen Lande Ophir in ein neues Stadium getreten war und ihrer endgültigen Lösung nunmehr beträchtlich nähergerückt schien.

Frank B. war entsetzt, als er solches las. „Leo! Junge!", sagte er zu seinem

Neffen, das ist das Ende! Warum bist du nicht lieber gleich Romanschriftsteller geworden, anstatt Universitätslehrer!"

„Findest du meine Schlussfolgerungen zu gewagt, Onkel?", erwiderte der junge Gelehrte harmlos.

„Gewagt? Nun, das will ich meinen! Wenn diese Broschüre herauskommt, so möchte ich die Universität sehen, die dir dann noch einen Lehrstuhl anvertraut."

„Und sie wird! herauskommen, lieber Onkel!"

„Nein, das wird sie nicht!"

„Wer sollte das verhindern?"

„Ich!"

„Du? Auf welche Weise? Etwa, indem du mir mit Enterbung drohst?"

„Das würdest du mir doch nicht glauben, Schlingel! Nein, ich weiß ein viel besseres Mittel."

„Da bin ich wirklich neugierig."

„Und doch ist es ganz einfach. Ich biete dir gegen den vorläufigen Verzicht auf die Veröffentlichung der Broschüre, die Mittel zu einer Forschungsreise nach Ostafrika, damit du dich persönlich an Ort und Stelle von der Unzuverlässigkeit der Angaben in dem Papyrus überzeugen kannst. Ja noch mehr: Ich erkläre mich bereit, dich selbst dahin zu begleiten und mich an der Suche zu beteiligen. Ist dir das recht?"

Nach diesem Vorschlag des alten Herrn herrschte eine minutenlange Stille in dem prunkvollen Bibliothekzimmer, in welchem die folgenschwere Unterredung der beiden stattfand. Dann, mit einem lauten Jubelruf fiel der junge Mann seinem väterlichen Gönner um den Hals: „Ach, Onkel Frank! Wie gütig du bist. Das hätte ich ja niemals zu hoffen gewagt!"

„Da sieht man nur wieder, wie schlecht einander selbst die nächsten Verwandten sich kennen!", wehrte jener lachend ab. „Also du bist einverstanden?"

„Wie sollte ich nicht! Ich bin ja so glücklich! Wir werden beide, du und ich, berühmt werden durch diese Expedition, und dann möchte ich die Universität sehen, die uns keinen Lehrstuhl anvertraute!"

„Wir? Uns? Lieber Leo, ich habe mich nur erboten, dein Abenteuer zu teilen; den Ruhm überlasse ich dir gerne ganz, das heißt, wenn überhaupt Ruhm dabei zu ernten ist. Denn, aufrichtig gesagt, ich glaube kein Wort von dem Bericht der Amenartas und rechne vielmehr mit einer großen Enttäuschung."

„Dein Unglaube wird mich nicht anstecken Onkel Frank. Wann soll es denn losgehen?"

„Sobald wir den Plan entworfen haben und mit den Vorbereitungen fertig sind."

„Also in acht Tagen!"

„Meinetwegen."

Acht Tage erwiesen sich allerdings als zu wenig, Aber drei Wochen später waren Onkel und Neffe, und mit ihnen Job, der bewährte Diener des ersteren, unterwegs nach Athen, um von dort aus mit einem gemieteten Segelschiff die Reise fortzusetzen, weil der Teil der afrikanischen Küste, wo sie ihre Nachforschungen zu beginnen hatten, von den gewöhnlichen Dampferverkehrslinien nicht berührt wurde.

3. Kapitel.
Ein Kuss.

Rettung aus Schiffbruch bedeutet nicht immer das Ende der Leiden, sondern sehr oft nur den Anfang neuer Mühsale und Gefahren. Das müssten auch Leo Vincey und seine Begleiter zu ihrem Leidwesen erfahren.

Als nach ihrer Landung die Sonne zum dritten Male aufging, waren sie auf ihrer Wanderung landeinwärts so tief in die Sümpfe geraten, dass an ein weiteres Vordringen kaum mehr zu denken war. Die Gegend schien vollkommen menschenleer zu sein. Dafür wimmelte sie von Raubtieren, vor denen sie Tag und Nacht auf der Hut sein mussten, und von blutdürstigen Moskitos, die sie vergeblich durch heftiges Tabakrauchen von sich abzuhalten suchten. Sie lebten von dem Proviant, den sie aus dem Boot mitgenommen hatten, das wohlverwahrt an der Flussmündung lag, rund von Sumpfvögeln, die sie erlegten und in primitiver Weise über offenem Feuer brieten. dass sie außerdem reichlich Chinin schluckten, um sich gegen das Fieber zu schütten, ist selbstverständlich.

Im Übrigen hatten sie bereits eine Entdeckung gemacht, welche den Bericht der Amenartas zu bestätigen schien, und in dem jungen Gelehrten die Hoffnung erweckte, dass ihre abenteuerliche Expedition doch nicht ganz ergebnislos verlaufen werde: Unweit der Landungsstelle erhob sich ein steiler Felsen, dessen Gipfel unverkennbar die Umrisse eines Ureinwohner-Schädels zeigte – ob von der Natur oder durch Menschenarbeit, hatten sie allerdings nicht festzustellen vermocht.

Jetzt lagerten sie, unfähig, während der Mittagshitze ihren Marsch fortzusetzen, im Schatten eines kümmerlichen Gebüsches und waren vor Erschöpfung dem Einschlafen nahe, als sie plötzlich durch ein Geräusch aufgeschreckt wurden und sich von einer Schar wilder Männer umringt sahen, die wie aus der Erde gewachsen vor ihnen auftauchten.

Onkel Frank wollte nach seiner Buchse greifen, aber da fühlte er bereits die scharfe Spitze eines Speeres an seiner Kehle. Er wollte laut aufschreien, kam aber gar nicht dazu.

„Still!", hörte er eine rauhe Stimme auf ägyptisch. „Wer seid ihr, und wie kommt Ihr hierher? Antworte, sonst bist du des Todes!"

„Wir sind Reisende", stammelte der Angegriffene erschrocken. „Harmlose Reisende, die ein Zufall an diese Küste verschlagen hat."

Der Angreifer wandte den Kopf und richtete ohne den Speer zurückzuziehen, an einen hochgewachsenen Mann, der abseits stehen geblieben war, die Frage: „Sollen wir sie töten, mein Vater?"

„Welche Hautfarbe haben diese Leute?", kam die Antwort einer tiefen, gebieterischklingenden Stimme."

„Sie sind weiß, mein Vater!"

„Dann töte sie nicht!", lautete der Bescheid.

„Vor drei Tagen erhielt ich einen Befehl von der Verhüllten: Es werden weiße Männer kommen; wenn ihr sie findet, so tötet sie nicht! Wir wollen sie zu der Verhüllten senden, Schafft sie fort, und mit ihnen alles, was sie bei sich haben!"

„So kommt!", sagte der Mann. „Vorwärts! Ihr seid unsere Gefangenen!"

An Widerstand war nicht zu denken, das musste auch Onkel Frank einsehen. Job und Farad ergaben sich gleichfalls schweigend in ihr Schicksal, nur Leo, der von allen am tiefsten geschlafen hatte, rieb sich die Augen und machte seiner Überraschung durch einen Ausruf Luft: „Was, zum Kuckuck geht hier vor? Wer sind die Kerle und was wollen sie von uns?"

Niemand hielt es für nötig, ihm Auskunft zu geben – seine Gefährten nicht, weil sie selbst noch voller Bestürzung waren, und die Wilden nicht, weil sie vermutlich kein Wort Englisch verstanden. Letztere waren, wie sich jetzt zeigte, etwa zwei Dutzend an Zahl – sämtlich große, kräftig gebaute Gestalten von verhältnismäßig heller Hautfarbe und fast nackt. Ihre Bekleidung bestand nur aus einem Fell, das ein um die Hüften geschlungener Riemen festhielt. Ihre Bewaffnung in langen Holzspeeren mit aufgesetzter Eisenspitze. Inzwischen war ihnen Farads dunklere Färbung aufgefallen.

14

„Mein Vater", rief eine Stimme, „es ist ein Schwarzer unter ihnen! Was hat die Verhüllte geboten, was wir mit dem Schwarzen tun sollen?"

„Nichts mein Sohn", erwiderte der Anführer. „Aber töte ihn noch nicht! Und nun lasst uns aufbrechen!"

In diesem Augenblick kam im Laufschritt eine weitere Schar von Wilden daher, die Sänften mit sich führten, vier regelrechte Sänften aus leichten Bambusgestellen, mit Vorhängen, um die Insassen gegen die Sonnenstrahlen zu schützen. Zu jeder Sänfte gehörten vier Träger und zwei Ersatzleute. Onkel Frank, Leo und Job mussten einsteigen und in der vierten nahm der Anführer Platz.

„Fein!", sagte Leo, seinem Oheim zuwinkend. „Nach einer so anstrengenden Wanderung wie wir sie hinter uns haben, kann man sichs gern gefallen lassen, getragen zu werden. Nicht so gut freilich hatte es der Ägypter, für den keine Sänfte da war. Als der Zug sich nun in Bewegung setzte, nahmen ihn zwei Mann in die Mitte und zwangen ihn zu Fuß mitzulaufen. So ging es vorwärts stundenlang. Die Träger schienen unermüdlich und ihres Weges absolut sicher. Allmählich verwandelte sich die Gegend. Das sumpfige Terrain machte einer leicht gewellten Grasebene Platz und in der Ferne zeigten sich die Umrisse eines Berges, der wie eine umgestürzte Tasse aussah. Solange die Sänften, weil der gangbare Pfad zu schmal war, hintereinander bleiben mussten, hatte sich die des Anführers: an der Spitze befunden. Dieser Anführer, der von den übrigen mit „mein Vater" angeredet wurde, war ein alter Mann, mit einem langen schneeweißen Bart, einer Hakennase und einem Paar dunkler, scharfblickender Augen.

Jetzt gab er seinen Trägern ein Zeichen, zurückzubleiben, und neben der Sänfte des Onkels Frank angelangt, redete er diesen an: „Du sprichst ägyptisch, Fremdling?"

„Ja, ein wenig, mein Vater!", antwortete der Gefangene höflich, denn Höflichkeit schien ihm in dieser Lage sehr an Platze. Sie wurde auch von dem Alten anerkannt.

„Aus welchem Lande du auch stammen magst", sagte er lächelnd und sich den langen weißen Bart streichend, „man scheint bei euch gute Sitten zu pflegen. Aber weshalb seid ihr zu uns gekommen? Denn dass ein Zufall euch an diese Küste verschlagen, die seit Jahrtausenden kein fremder Fuß betreten hat, vermag ich nicht zu glauben. Seid ihr etwa lebensüberdrüssig, du und deine Gefährten?"

„Keineswegs, mein Vater! Aber wir sind – was man bei uns so nennt –

Entdeckungsreisende; Leute, die, des Alten und Alltäglichen überdrüssig, in die Welt hinausziehen, um das Unbekannte aufzusuchen. Wir gehören einem tapferen Volke an und fürchten auch den Tod nicht, sofern es uns nur gelingt, unsere Neugier zu befriedigen."

„So!", sagte der Arte. „Das könnte wohl wahr sein, und in dieser Hinsicht wird die Verhüllte eure Erwartungen sicher nicht enttäuschen."

„Wer ist denn die Verhüllte?"

Auf diese Frage antwortete der Alte nicht sofort. Er warf einen Blick auf die Träger, lächelte seltsam und meinte schließlich achselzuckend: „Du wirst es bald genug erfahren, das heißt, falls sie überhaupt geruht, euch im Fleische sehen zu wollen."

„Was heißt das: im Fleische? Was willst du damit sagen?"

Aber diesmal blieb die Antwort überhaupt aus.

„Darf ich wenigstens den Namen deines Volkes wissen, mein Vater?", fuhr der Frager fort.

„Das darfst du. Wir nennen uns Amgabal, das heißt Volk der Berge!"

„Und du selbst, mein Vater? Wie heißest du?"

„Mein Name ist Billali."

„Und wohin bringst du uns?"

„Das wirst du ja sehen."

Nach diesen Worten gab er den Trägern ein Zeichen, die sogleich ihre Schnelligkeit steigerten, so dass sie Onkel Frank´ Sänfte hinter sich ließen und neben die von Job gelangten. Aber mit diesem schien sich Vater Billali nicht verständigen zu können. Er ließ die Träger abermals rückwärts eilen und begann eine Unterhaltung mit Leo. Allmählich unterdessen kam man der Berge näher, der jetzt einen interessanten Anblick bot. Amphitheatralisch ansteigende Kraterwände umschlossen eine grüne Ebene, auf welche Herden von Ziegen und Rindern weideten, aber keine Schafe. Auch Menschen waren zu sehen, welche sich zwischen den Tieren bewegten, aber nirgends eine Spur menschlicher Wohnungen. Wo hausten diese Leute? Das Rätsel wurde schnell genug gelöst. Die kleine Karawane wandte sich zur linken und folgte eine Strecke weit der inneren Kraterwand, um dann plötzlich auf einer geräumigen Plattform haltzumachen, gerade vor dem Eingang einer großen Höhle, unter welchem eine Gruppe von Eingeborenen, Männer und Weiber, standen.

Vater Billali stieg als erster aus seiner Sänfte, und Onkel Frank, Leo und Job folgten seinem Beispiel. Da fiel ihr Blick auf Farad, welcher ohnmächtig auf dem Boden lag. Da er, schon vorher schwer ermüdet, noch diesen ganzen Weg hatte zu Fuß zurücklegen müssen, war der Zustand völliger Erschöpfung, in welchem er sich nun befand, begreiflich.

Die Weiber in der Gruppe unter dem Höhleneingang unterschieden sich in der Kleidung von den Männern dadurch, dass sie anstatt des Felles einen von den Hüften bis zu den Knien reichenden Rock aus dünnem, gegerbten Leder trugen. Sie waren nicht hässlich; im Gegenteil. Ihre Gesichter hatten regelmäßige, angenehme Züge und waren von einer Fülle lockigen Haares umrahmt, dessen Farbe zwischen schwarz und kastanienbraun wechselte. Jedenfalls waren sie bei weitem weniger schrecklich anzusehen, als die Männer mit ihren Speeren.

Jetzt umringten sie die Ankömmlinge und betrachteten sich die Fremden mit großer Neugier, doch ohne jede Zudringlichkeit. Besonders Leos große, schlanke Gestalt, sein frisches, hübsches Gesicht und blondes Haar zog ihre Aufmerksamkeit auf sich und als er ihnen grüßend zuwinkte, erhob sich ein Gemurmel der Bewunderung. Aber dabei blieb es nicht. Ganz plötzlich nämlich trat die Hübscheste unter ihnen, die den jungen Mann besonders kritisch vom Kopf bis zu den Füßen betrachtet hatte, entschlossenen Schrittes auf ihn zu. Mit einer anmutigen Bewegung legte sie den Arm um seinen Nacken, beugte sich vor und küsste ihn auf den Mund!

Onkel Frank, der nicht anders glaubte, als dass sein Neffe im nächsten Augenblick von etlichen Speeren der eifersüchtigen Krieger durchbohrt daliegen würde, stieß einen Schreckensruf aus. Job wich gleichfalls erschreckt einen Schritt zurück.

„Die Hexe!", rief er. „Ach, Gott schütze mich!"

Nur Leo selbst hielt sich tapfer. Zunächst schien auch er betroffen; dann aber, als ihm die Erkenntnis aufdämmerte, dass es sich hier um eine harmlose Landessitte handeln müsse, zögerte er nicht, Umarmung und Kuss des jungen Weibes zu erwidern.

Abermals fuhr Onkel Frank zusammen und abermals erwies sich seine Befürchtung, dass nun etwas Grässliches erfolgen müsse als irrig. Nur die Übrigen jungen Weiber gaben Anzeichen von Ärger; die älteren und die Männer lächelten bloß. Erst viel später, nachdem unsere Reisenden einen tieferen Einblick in die Sitten und Lebensgewohnheiten dieses sonderbaren Volkes gewonnen hatten, enträtselte sich ihnen auch dieses Geheimnis.

Im Gegensatz nämlich zu den Gebräuchen sämtlicher Kultur- und auch fast sämtlicher Naturvölker au der ganzen Erde stehen bei den Amgabal die Frauen nicht auf dem Fuße vollkommener Gleichberechtigung mit den Männern, sondern sind ihnen in mancher Beziehung übergeordnet. Die

Abstammung z. B. wird nur in mütterlicher Linie zurückverfolgt. Man ist dort ebenso stolz auf eine lange Reihe weiblicher Vorfahren, wie bei uns auf die männlichen, und die Vaterschaft spielt gar keine Rolle. Es gibt nur pro forma ein männliches Oberhaupt für jeden Stamm, oder wie sie es nennen, für jede Hausgemeinschaft. Dieser wird durch freie Wahl zu seiner Würde berufen und erhält den Titel Vater. Zurzeit war Billali der erwählte Vater dieser Hausgemeinschaft, die etwa 7000 Personen zählte.

Fasste ein Weib Zuneigung zu einem Mann, so trat sie einfach vor ihn hin und umarmte und küsste ihn öffentlich, wie es die hübsche junge Frau mit Leo getan hat. Wenn er den Kuss erwiderte, so hieß das, dass er einverstanden war und das Zusammenleben der beiden dauerte dann so lange, bis einer von ihnen dessen überdrüssig wurde. Trotzdem erfolgte der Wechsel der Ehegatten gar nicht so häufig, als man vielleicht meinen möchte. Auch Streitigkeiten und Eifersuchtsszenen kamen verhältnismäßig selten vor. Wenn ein Weib ihren Gatten verließ, um sich mit einem anderen zusammenzutun, so fügte sich der Verlassene widerspruchslos. Offenbar war diesen Halbwilden längst die Erkenntnis in Fleisch und Blut übergegangen, zu der beschämenderweise selbst wir Kulturmenschen uns noch nicht aufzuschwingen vermochten: Nämlich, dass sich dem Herzen nicht gebieten, Gefühle sich nicht erzwingen lassen.

4. Kapitel.
Die Höhle.

Die Kussszene hatte sich auf Leo beschränkt. Weder Onkel Frank noch Job hatten Liebhaberinnen, gefunden, die es, auf ihr bloßes Aussehen hin, mit so gänzlich fremden Männern versuchen wollten. Onkel Frank schien das beinahe zu bedauern, aber Job, der ein Weiberfeind war, atmete sichtlich erleichtert auf.

Die Höhle, in die sie nun Billalis einladendem Wink folgend eintraten, war viel größer, als man selbst nach dem hohen und breiten Eingang erwarten konnte. Etwa hundert Fuß lang, halb so breit und ziemlich hoch, ähnelte sie dem Innern einer Kathedrale, und es war auf den ersten Blick zu erkennen, dass sie kein Werk der Natur, sondern von Menschenhand ausgehauen war. Denn von dem zeremoniellen Hauptgewölbe zweigten in regelmäßigen Abständen von zwölf bis fünfzehn Fuß Seitengänge ab, die offenbar zu weiteren Räumlichkeiten führten.

In der Mitte der Höhle brannte ein Feuer und dahin geleitete Billali seine

18

Gefangenen, die sich jedoch, nach der bisher ihnen zuteil gewordenen Behandlung, fast als Gäste betrachten durften. Er hieß sie sich niederlassen, und die Eingeborenen breiteren Felle für sie aus und brachten Speise und Trank herbei: Ziegenfleisch und gekochte Maiskolben, dazu frische Milch in irdenen Töpfen.

Die Mahlzeit, bei der sichs unsere Reisenden, die hungrig genug waren, gehörig schmecken ließen, verlief ziemlich schweigend. Billali tat seinen Mund nicht auf. Nur Onkel Frank und Leo tauschten gelegentlich halblaute Bemerkungen, und der letztere wandte sich einmal mit einer Frage an die junge Frau, die nicht von seiner Seite wich: „Wie heißt du meine schöne Freundin?"

„Ustane", antwortete sie und warf ihm einen sprechenden Blick zu.

Nach Beendigung des Mahles erhob sich Billali und redete die Fremden in seiner gewohnten feierlichen Weise an.

„Etwas Wunderbares", sagte er, „hat sich ereignet. Niemals zuvor, seit Menschengedenken ist es geschehen, dass weiße Männer in das Land der Amgabal gekommen sind. Ab und zu, aber selten genug sind Schwarze zu uns gekommen, und von denen hörten wir, dass es Menschen gebe mit noch viel hellerer Hautfarbe als die unsrige – Menschen, die in Schiffen das Meer befahren; aber zu uns sind keine gekommen. Wir sind auch nicht gesonnen, Fremde in unser Land hereinzulassen und würden euch getötet haben, hätte ich nicht von der Verhüllten den Befehl erhalten, euer Leben zu schonen und euch hierher zu bringen."

„Verzeihung, mein Vater", unterbrach ihn Leo, „aber wenn, wie es scheint, die Verhüllte noch weiter landeinwärts residiert, wie konnte sie dann von unserem Herannahen Kenntnis haben?"

Billali überzeugte sich zuerst, dass niemand von den Eingeborenen in der Nähe sei – auch Ustane hatte sich, als er seine Ansprache begann, zurückgezogen – dann sagte er mit einem leisen Lachen, das ganz unheimlich klang: „Gibt es denn in eurem Lande niemand, der ohne Augen zu sehen und ohne Ohren zu hören vermag? Jetzt frage nicht weiter! Genug, sie wusste es."

Leo sah seinen Oheim betroffen an, aber dieser zuckte die Achseln; er hatte für Hellsehen, Telepathie und ähnliche okkulte Probleme nie viel übrig gehabt.

Billali aber fuhr fort, da er, außer dem erwähnten Befehl sonst keinerlei Weisungen erhalten habe, so werde er sich persönlich zu der Verhüllten begeben müssen, die, nach alledem zu schließen, die Königin der Amgabal sein musste.

Onkel Frank erkundigte sich, wie lange er fortbleiben werde, und die Antwort lautete: „Mindestens fünf Tage."   .

„Aber", fuhr der Alte fort, „für eure Bequemlichkeit während dieser Zeit wird vollauf gesorgt sein. Denn ihr gefällt mir und ich wünschte aufrichtig, dass euch die Verhüllte das Leben schenken möge. Aber ich wage es kaum zu hoffen. Denn bisher sind noch alle Fremden, die zu den Zeiten meiner Großmutter, meiner Mutter und zu meiner eigenen Zeit ins Land kamen, umgebracht worden, und zwar auf eine Weise, die ich euch lieber gar nicht beschreiben mag. Und das ist auf ihre eigene Anordnung hin geschehen, das heißt nichts Gutes – so nehme ich wenigstens an. Jedenfalls hat sie nichts getan, um sie zu retten.§

„Aber", warf jetzt Onkel Frank ein, „wie ist denn das möglich? Du selbst bist ein Greis, und die Zeit, von der du sprichst, muss drei Menschenleben weit zurückreichen. Wie kann also die Verhüllte zu Lebzeiten deiner Großmutter jemandes Tod anbefohlen haben, wenn sie damals noch gar nicht geboren war."

Da lächelte der Alte wieder sein seltsames, unangenehmes Lächeln und zog sich zurück, ohne auch nur ein Wort der Aufklärung verlauten zu lassen, und sie bekamen ihn ganze fünf Tage nicht mehr zu sehen.

Seine letzten Bemerkungen gaben ihnen übrigens allerhand zu denken. Wenig erfreulich war die Aussicht auf einen grausamen Tod, der ihnen möglicherweise bevorstand. Hingegen konnte das, was Billali von der Verhüllten erzählt oder vielmehr nur angedeutet hatte, fast als eine Bestätigung des Berichtes der Amenartas genommen werden.

Dem Disput, der sich hierüber zwischen Oheim und Neffen entspann, machte schließlich der erstere ein Ende, indem er vorschlug, ins Freie zu gehen und ein Bad zu nehmen. Einer von den Eingeborenen, der sich beständig in ihrer Nähe aufhielt, wahrscheinlich von dem Vater der Hausgemeinschaft beauftragt, sie zu überwachen, führte sie zu einem Bache, der in der Nähe der Höhle vorüberfloss. Vor dem Ausgange stießen sie auf eine Volksansammlung und erregten, da sie inzwischen ihre Pfeifen angezündet hatten, erhebliches Aufsehen. Die Leute zerstreuten sich eilig nach allen Seiten und Rufe wurden laut, aus denen sie entnehmen konnten, dass man sie für große Zauberer hielt. Denn obwohl im Lande der Amgabal die Tabakpflanze reichlich wuchs, war den Bewohnern das Rauchen unbekannt. Sie trockneten und zerrieben die Blätter zu Schnupftabak, benutzten sie auch gelegentlich als Arzneimittel. Und so kam es, dass die

Pfeifen der Fremden ihnen zu größerem Respekt verhalfen, als selbst ihre Schießwaffen, deren Gefährlichkeit niemand ahnte und die man ihnen daher auch nicht abgenommen hatte.

Während des Badens ging die Sonne unter. Als sie dann in die Höhle zurückkehrten, fanden sie dieselbe voll von Menschen, die in Gruppen um angezündete Feuer saßen und ihre Abendmahlzeit verzehrten. Vervollständigt wurde die Beleuchtung der Höhle durch eine Anzahl Lampen, die an den Wänden aufgehängt waren – roh aus Ton gefertigte, mit Öl gefüllte Lampen, die schlecht brannten und mehr Rauch als Licht spendeten. Nachdem sie eine Weile den Amgabal beim Essen zugesehen, sprach Onkel Frank, den die Schläfrigkeit übermannte, den Wunsch aus, zu Bett zu gehen. Sogleich erhob sich ihr Begleiter, nahm eine Lampe von der Wand und schritt ihnen als Führer voran. Nun zeigte es sich, dass die von der Höhle abzweigenden Seitengänge zu den Schlafkammern führten. Diejenige, die Onkel Frank zugewiesen erhielt, hatte ungefähr acht Fuß im Quadrat, und weder Fenster noch irgendein Luftloch ins Freie. Die Felswände Waren nackt, von einer Einrichtung keine Spur. Als Lager diente eine podiumartige Erhöhung, die die ganze eine Wand entlang lief.

Onkel Frank war es zumute, als sei er in eine Grabkammer getreten, und dieser Eindruck sollte sich späterhin auch bestätigen. Da nicht einmal Polster und Matratzen vorhanden waren, so entschloss er sich, in die Höhle zurückzukehren, um wenigstens seine Reisedecke zu holen, die sich bei den übrigen Sachen befand. Daselbst traf er auf Job, der sich überhaupt geweigert hatte, seine Schlafkammer zu betreten.

„Mir ist eine Gänsehaut über den Rücken gelaufen, Herr, als ich das Loch sah", entrüstete er sich. „Lieber wollte ich tot sein und in meines Großvaters Ziegelgrab liegen!"

„Du kannst mit mir kommen und bei mir schlafen, Job!", tröstete ihn Onkel Frank.

„Zu zweien wird es auch mir angenehmer sein!"

„Vielen Dank, Herr!"

Zu beneiden war jedenfalls Leo, den seine Ustane mit sich genommen hatte. Trotzdem, als am nächsten Morgen beim Frühstück in der großen Höhle eine der Frauen auf Job zutrat, um ihn vor aller Augen zu umarmen und zu küssen, stieß er einen Schrei des Entsetzens aus. Er war, wie gesagt, ein Weiberfeind, und die Dame auch nicht mehr in der ersten Jugendblüte. Dazu kam, dass er es als eine Respektlosigkeit empfand, ohne seine Erlaubnis und noch dazu in Gegenwart seiner Herrschaft geküsst zu werden.

„Mich nicht! Nein!", protestierte er, indem er aufsprang und die Frau, eine üppige Person von etwa dreißig Jahren, heftig von sich stieß. Diese aber, die ihn offenbar nur für übertrieben schüchtern hielt, wiederholte den Versuch, ihn zu umarmen.

„Fort mit dir! Lass mich in Frieden, alte Hexe!", schrie er aufs neue, und fuchtelte ihr mit dem hölzernen Löffel, den er gerade in der Hand hielt, vor dem Gesicht herum.

„Ich bitte um Verzeihung", wandte er sich an Onkel Frank und Leo. „Aber Ich habe das Weib wahrhaftig nicht dazu ermutigt. O Gott, da kommt sie schon wieder! Halten Sie sie, Mr. Holly! Bitte, halten Sie sie! Das ist zu viel für mich. Nein, wirklich, das ist zu viel!"

Mit diesen Worten. ergriff er die Flucht und rannte, so schnell ihn seine Beine trugen nach dem Hintergrunde der Höhle. Und so drollig war diese Szene anzusehen, dass selbst die ernsten Amgabal laut auflachten. Nur das verschmähte Weib schien die Sache gar nicht drollig zu finden. Im Gegenteil. Sie schäumte vor Wut und die hämischen Bemerkungen der übrigen Weiber waren auch nicht danach angetan, sie zu besänftigen. So stand zu befürchten, dass sie auf Rache sinnen und der Zwischenfall für die Gefangenen noch recht unangenehme Folgen haben könnte. Um dem vorzubeugen, suchte Onkel Frank den Amgabal für Jobs Verhalten eine plausible Erklärung zu geben: Der Arme sei in seiner Heimat äußerst unglücklich verheiratet und daher gegen jede Frau, selbst die netteste von Misstrauen erfüllt. Aber die Eingeborenen, deren Heiterkeit sehr rasch wieder verflogen war, hörten ihn nur schweigend an und es war deutlich zu sehen, dass sich die ganze Hausgemeinschaft beleidigt fühlte.

Nach dem Frühstück gingen Onkel Frank und Leo aus, um die Herden der Amgabal und ihre bebauten Felder zu besichtigen. Sie konnten feststellen, dass der Pflug hierzulande noch unbekannt war und der Ackerbau mit dem Spaten betrieben wurde. Immerhin kannten die Eingeborenen bereits die Bearbeitung der Metalle. Die gesamte Feldarbeit verrichteten die Männer, während die Frauen im Gegensatz zu den Gewohnheiten der meisten wilden Völker, von aller schweren Arbeit befreit waren. Das war natürlich eine Folge der übergeordneten Stellung der Frauen in diesem Lande, und sicherlich mit der Hauptgrund, dass dieselben länger jung und hübsch blieben.

5. Kapitel.
Ustane singt.

Die einzige verlässliche Gewährsperson, von der unsere Reisenden Näheres über die Vergangenheit, die Einrichtungen, Sitten und Gebräuche der Amgabal erfahren konnten, war Ustane, die, infolge ihrer Anhänglichkeit an Leo, sie auf Schritt und Tritt begleitete,

Was den Ursprung des Volkes anbelangte, so war ihr darüber allerdings auch nichts bekannt. Sie wusste nur, dass es in der Nähe von Kor – so hieß die Residenz der Verhüllten – Ruinenhügel gab mit Mauerwerk und Säulenüberresten, die einst Paläste von alter Herkunft gewesen sein sollten. Aber niemand wagte es, sich diesen Ruinen zu nähern, denn es hieß, dass Geister darin hausten. Auch sonst fanden sich überall auf den Berghöhen Ruinen, und dass die Höhlen, die jetzt den einzelnen Hausgemeinschaften als Wohnungen dienten, von Menschenhand ausgehauen seien, bestätigte Ustane gleichfalls.

Geschriebene Gesetze gab es nicht, sondern lediglich ein Gewohnheitsrecht, und wer dagegen verstieß, der wurde unbarmherzig zum Tode verurteilt.

„Und auf welche. Weise wird das Todesurteil vollzogen?", erkundigte sich Onkel Frank in begreiflicher Neugier. Aber Ustane lächelte bloß.

„Das werdet ihr vielleicht bald einmal zu sehen bekommen", erwiderte sie.

Die Amgabal wurden von einer Königin beherrscht. Die Verhüllte war die Königin, aber sie zeigte sich dem Volke nur sehr selten – alle zwei oder drei Jahre einmal, wenn sie kam, um Todesurteile vollstrecken zu lassen – und dann war sie stets vom Kopf bis zu den Füßen in einen Mantel gehüllt, so dass niemand ihr Antlitz sehen konnte. Ihre Dienerinnen aber, die ihr aufwarteten waren taubstumm und konnten folglich nichts ausplaudern. Trotzdem war im Lande der Glaube verbreitet, dass sie wunderschön sei, schöner als je ein Weib auf Erden. Man erzählte auch, dass sie unsterblich sei, allwissend und allmächtig, doch darüber vermochte Ustane nichts Bestimmtes anzugeben. Sie meinte bloß, dass sich die Königin von Zeit zu Zeit einen Gatten erwähle, der, sobald ein Mädchen zur Welt kam, getötet wurde, „denn man sah ihn niemals wieder. Das Mädchen aber wuchs heran und nahm, wenn seine Mutter gestorben und in den Grabgewölben von Kor beigesetzt war, den Thron ein. Doch darüber konnte niemand etwas Gewisses sagen. Es gab noch mehr Gerüchte, wie dass der Geist der Mutter in das Kind übergehen soll …

23

Die Herrschaft der Verhüllten erstreckte sich über das ganze Land der Amgabal, von einem Ende bis zum andern, und ihrem Gebot zuwiderzuhandeln oder auch nur zu widersprechen, bedeutete für den Frevler den sicheren Tod.

Auf die Frage nach der Größe des Landes und der Einwohnerzahl antwortete Ustane, dass es im ganzen zehn solche Hausgemeinschaften gab wie die, zu der sie selbst gehörte, und dass alle ebenso in Höhlen lebten. Manchmal bekriegten sich die Hausgemeinschaften untereinander, bis von der Verhüllten der Befehl eintraf, Frieden zu machen, welcher unverzüglich befolgt werden musste.

Verkehr mit umwohnenden Völkern hatten die Amgabal nicht, denn sie hatten keine Nachbarn. Das ganze Land war weithin von Sümpfen eingeschlossen. Nur einmal war ein Kriegsheer aus der Richtung von dem großen Fluss (damit war vermutlich der Zambesi gemeint) im Anmarsch, um sie anzugreifen, aber die Feinde kamen in den Sümpfen um. Sie hielten die magisch hervorgerufenen Irrlichter, die zahlreich auftauchten, für die Lagerfeuer der Amgabal, stürmten darauf los und versanken allesamt, Diese und noch manche andere Einzelheiten erfuhren unsere Reisenden von Ustane, während der Abwesenheit des alten Billali.

Was Job anbelangt, so erholte er sich nur langsam von dem ausgestandenen Schrecken und hatte die Gewohnheit angenommen um jedes weibliche Wesen, dem er begegnete, einen weiten Bogen zu machen. Am übelsten schien sich Farad, der Ägypter, zu befinden, obwohl er von den Amgabal durchaus nicht hart behandelt wurde. Er saß tagelang zusammengekauert in einem Winkel der Höhle und jammerte zu Gott. Wenn Onkel Frank oder Leo ihn nach der Ursache fragten, so sagte er, er fürchtete sich vor diesem Volke, unter das sie hier geraten seien, denn das seien überhaupt keine Männer und Frauen, sondern Teufel, und das ganze Land sei verhext.

In der vierten Nacht nach Billalls Abreise saßen die drei Weißen und Ustane um ein Feuer in der großen Höhle. Plötzlich, kurz vor dem Schlafengehen, erhob sich die junge Frau, die lange schweigsam, wie in tiefes Nachsinnen verloren, dagesessen hatte. Sie erhob sich und legte sanft ihre Hand auf Leos Haupt. Hochaufgerichtet stand sie da, eine schlanke und stolze Figur, die das flackernde Feuer abwechselnd bald mit Helligkeit übergoss und bald in tiefen Schatten hüllte. Und Ustane begann zu sprechen. Oder war es ein Gesang? In seltsamem, etwas eintönigem und doch dabei eindrucksvollem raunendem Rhythmus von Hoch und Tief, dem ihre biegsame Stimme sich anpasste, kamen die Worte von ihren Lippen, die ihre Gedanken und Vorahnungen zum Ausdruck brachten:

„Du bist mein Erwählter – auf dich hatte ich gewartet von Anbeginn. – Du bist so hold! Deine gold'nen Locken haben nicht ihresgleichen, noch deine Haut, die so weiß ist. – Stark ist dein Arm, du bist ein Mann, wie es keinen sonst gibt! – Deine Augen sind wie der Himmel und das Licht in ihnen ist Sternenschimmer! – Du bist vollkommen und von strahlendem Antlitz – deshalb wandte sich mein Herz dir zu! – Von dem Augenblick, da ich zuerst dich sah, hatte ich Verlangen nach dir! – Und dann warst du mein; du mein Geliebter, und ich hielt dich in meinen Armen manche Nacht! – Und ich breitete mein Haar über dein Haupt, auf dass kein schreckender Traum sich dir nahe! – Ganz und gar war ich dein, und du warst ganz und gar mein! – Und so blieb es eine kleine Weile, bis ein schlimmer Tag uns erschien. – Und dann, o mein Geliebter, was dann? Ach, ich weiß es nicht! – Doch ich sehe dich nicht mehr – ich bin verloren in der Finsternis! Sie, die stärker ist als ich, nimmt dich von mir; sie, die schöner ist als Ustane. M – Du aber wehrst dich nach mir und rufst mich und lässt deine Augen wandern in der Finsternis. – Vergebens! Sie bleibt Siegerin; durch ihre magische Schönheit bleibt sie Siegerin und sie führt dich hinab zu den, Stätten des Schreckens. – Und dann, ach, dann, mein Geliebter…"

Hier brach die Sprecherin plötzlich ab und ihr Blick verlor sich in das Dunkel hinter dem Feuer. Und plötzlich kam in ihre Augen ein Ausdruck, als ob sie etwas Furchtbares schaue. Sie nahm die Hand von Leos Haupt und deutete hinein in die Finsternis. Alle drei, die um das Feuer saßen, wandten sich nach der bezeichneten Richtung, vermochten aber nichts zu unterscheiden. Und doch musste sie etwas sehen, oder sich einbilden, es zu sehen; etwas so furchtbares, dass sie es nicht zu ertragen vermochte, denn jetzt sank sie lautlos zu Boden und blieb in tiefer Ohnmacht liegen.

Leo, der, Ustane aufrichtig liebgewonnen hatte, geriet darüber in große Bestürzung, und selbst Onkel Frank, der unverbesserliche Skeptiker, vermochte sich einer Anwandlung von abergläubiger Furcht nicht zu erwehren.

Allmählich kam Ustane wieder zu sich. Während sie sich aufrichtete, ging ein konvulsivisches Zucken durch ihren ganzen Körper.

„Ustane?", fragte Leo, sich zu ihr neigend, „was war das? Was bedeuteten deine Worte?"

„Nichts, mein Erwählter", antwortete sie mit einem leisen, erzwungenen Lachen. „Ich sang dir zu nach der Sitte meines Volkes. Das war alles. Wie könnte ich auch sprechen von dem, was noch nicht ist?"

„Und was sahst du, Ustane?", mischte sich Onkel Frank ein, und blickte ihr scharf ins Gesicht.

„Nichts", antwortete sie wiederum. „Ich sah gar nichts. Fragt mich nicht, was ich sah. Warum sollte ich euch erschrecken?"

Und dann, sich zu Leo wendend mit einem Blick äußerster Zärtlichkeit, nahm sie seinen Kopf in ihre Hände und küsste ihn auf die Stirn, wie eine Mutter ihr Kind: „Wenn ich von dir gegangen bin, mein Erwählter", sprach sie, „wenn des Nachts du die Hand ausstreckst und findest mich nicht mehr an deiner Seite – dann sollst du mich nicht vergessen, sondern manchmal dich doch noch meiner erinnern, denn ich liebe dich in Wahrheit, wie wohl ich nicht würdig bin, deine Füße zu waschen! Jetzt aber lass uns lieben und nehmen, was uns gegeben ist, und glücklich sein! Denn im Grabe gibt es weder Liebe noch Wärme noch eine Berührung der Lippen. Vielleicht gibt es dort gar nichts, oder vielleicht nur bitteres Sehnen nach dem, was hätte sein können. Die Stunden heute nacht gehören noch uns; wie sollen wir wissen, wem die Stunden von morgen gehören?"

6. Kapitel.
Das Fest – und nachher!

An dem Tage, welcher dieser merkwürdigen Szene folgte, die einen tiefen Eindruck auf unsere Reisenden gemacht hatte – mehr durch das, was sie anzukündigen schien, als durch das, was sie enthüllte – erfuhr Onkel Frank, dass zu Ehren ihrer Ankunft ein fest geplant sei. Onkel Frank beeilte sich zwar, zu versichern, sie seien bescheidene Leute, deren Sinn gar nicht nach Festlichkeit stünde, aber diese Erklärung wurde mit verdrießlichem Schweigen aufgenommen.

Kurz vor Sonnenuntergang teilte man ihm mit, dass alles bereit sei, und so begab er sich mit Job in die Höhle, die Heimstätte der Göttin Hel, wo sie auf Leo und Ustane stießen, die soeben von einem gemeinschaftlichen Spaziergang zurückkehrten. Diese beiden erfuhren erst jetzt von der bevorstehenden Feier und es war zu sehen, dass Ustane über die Nachricht erschrak. Sie hielt einen Mann an, der gerade vorüberging, und fragte ihn etwas in befehlendem Tone. Seine Antwort schien sie ein wenig zu beruhigen, aber bei weitem nicht ganz zu befriedigen, denn sie machte Einwendungen, bis der Mann, der irgendein Amt bekleiden mochte, zornig wurde. Er fasste sie am Arm und zog sie mit sich und sie wurde gezwungen, zwischen ihm und einem andern Manne in dem Kreise der um das Feuer Sitzenden Platz zunehmen.

Das Feuer in der Höhle war diese Nacht außergewöhnlich groß und in einem weiten Kreise darum herum saßen etwa dreißig Männer und nur zwei Frauen: Ustane und das Weib, das von Job verschmäht worden. Die ganze Versammlung verharrte im tiefsten Schweigen und jeder der Männer hatte seinen langen Speer zur Hand.

„Was wird das werden, Herr?", wandte sich Job misstrauisch an Onkel Frank. „Gott schütze mich, da ist das Weib schon wieder! Sie kann es doch nicht wieder auf mich abgesehen haben, nachdem ich sie so wenig dazu ermutigte. Aber nein, sehen Sie, Herr, diesmal gilt es Farad. Man hat ihm zu essen vorgesetzt und die Dame spricht ihm liebreich zu. Gott sei Dank, da fällt mir ein Stein vom Herzen!"

Es verhielt sich in der Tat so. Das Weib hatte Farad aus seinem Winkel geholt, wo er zitternd saß und unablässig zu Gott betete. Er folgte ihr aber nur mit sichtlichem Widerstreben, und mehr der Drohung eines mit seinem Speer hinter ihm stehenden Amgabal, als den freundlichen Worten des Weibes gehorchend.

„Ich weiß nicht", wandte sich Onkel Frank an seine Gefährten, „aber die ganze Sache will mir nicht recht gefallen. Habt ihr beide eure Revolver bei euch? Und sind sie geladen?"

„Ich habe. den meinigen", sagte Job an seinen Gürtel greifend. „Aber Mr. Leo hat nur sein Jagdmesser. Das ist freilich auch genug."

Hierauf traten sie dreist alle drei in den Kreis und ließen sich nebeneinander nieder, den Rücken der Höhlenwand zugekehrt. Die Amgabal mochten nur noch auf ihr Erscheinen gewartet haben, denn kaum hatten sie sich gesetzt, so wurde ein irdener Krug herumgereicht, der irgendein gegorenes Getränk enthielt. Nun folgte eine lange Geduldprobe. Immer aufs neue machte der Krug die Runde. Ab und zu erhob sich einer von den Eingeborenen, um das Feuer anzuschüren oder Holz zuzulegen. Aber niemand sprach ein Wort. Schweigend starrten sie alle in das flackernde Feuer oder folgten mit ihren Blicken den beweglichen Schatten an der Wand. Neben dem Feuer stand ein großer Trog, wie die Fleischer sie verwenden, um das zerhackte Fleisch hineinzutun, und daneben lag ein Paar eiserner Zangen mit langen Handgriffen. Onkel Frank betrachtete diese Gerätschaften mit heimlichem Missvergnügen. Wozu konnten sie dienen? Darüber zerbrach er sich vergeblich den Kopf, und wenn er dann in die starren Gesichter der Amgabal blickte, so wurde ihm erst recht bänglich zumute. Diesem Volke waren sie nun ausgeliefert, dieser Horde, die einen so wenig vertrauenerweckenden Eindruck machte. Vielleicht tat er ihnen unrecht und sie waren besser als sie schienen. Er fürchtete aber, dass sie eher schlimmer waren und dass sich hinter ihrem finsteren Ernst eine teuflische Grausamkeit verbarg. Und mit dieser Ahnung sollte er leider recht behalten.

Endlich als sie alle drei sich schon förmlich wie hypnotisiert fühlten, entstand eine Bewegung unter den Umsitzenden und eine laute Stimme kam von drüben, von der anderen Seite des Feuers, herüber: „Wo ist das Fleisch, das wir essen sollen?"

Auf diese Frage antworteten alle im Chore, indem jeder einzelne den rechten Arm nach dem Feuer ausstreckte: „Das Fleisch wird kommen!"

„Ist es eine Ziege?", fragte dieselbe Stimme wieder.

Chorus: „Es ist eine Ziege ohne Hörner, und besser als eine Ziege, und wir werden sie schlachten!"

„Ist es ein Ochse?", erfolgte die dritte Frage.

Chorus; „Es ist ein Ochse ohne Hörner, und besser als ein Ochse, und wir werden ihn schlachten!"

Nun trat eine Pause ein, rund unsere Reisenden konnten mit einem Entsetzen, das ihnen die Haare zu Berge trieb, beobachten, wie das Weib das neben Farad saß, sich an diesen heranmachte und begann, ihn zu streicheln und die Wangen zu tätscheln, ihm Koseworte zuzurufen, während ihre Augen gierig seinen bebenden Leib vom Kopf bis zu den Füßen entlang streiften. Ihre Zärtlichkeit machte einen hinterlistigen Eindruck, oder den eines grausigen Gebrauches, der nun einmal zur Sache gehörte. Auch Farad selbst mochte ahnen, was ihm bevorstand, denn er erblasste unter seiner braunen Haut und blickte hilfesuchend um sich.

„Ist die Speise zum Kochen bereit?", fragte plötzlich die Stimme wieder.

„Sie ist bereit!", antwortete der ganze Chorus.

„Und der Topf – ist der Topf heiß zum Kochen?"

Chorus: „Er ist heiß!"

„Gütiger Himmel!", schrie in diesem Augenblick Leo auf. „Erinnere dich, Onkel, an die Stelle in dem Bericht der Amenartas, die von einem Volke spricht, welches Töpfe setzt auf die Köpfe der Fremden."

Er hatte diese Worte kaum ausgesprochen, als zwei riesige Kerle aufsprangen, die langen Zangen ergriffen und damit in das Feuer langten. Fast gleichzeitig brachte das Weib, die Farad umschmeichelt hatte, unter ihrem Gewande eine Bastschlinge zum Vorschein, die sie ihm über die

Schultern warf und rasch von hinten zusammenzog, während zwei Männer ihn bei den Beinen fassten. Die beiden anderen mit den Zangen stießen jetzt die Holzscheite auseinander, unter denen ein Topf verborgen gewesen, der weißglühend geworden war. Diesen fassten sie mit den Zangen und waren damit in einem Satz bei Farad, um ihm denselben – darüber konnte, nach dem ganzen Anschein der Szene kein Zweifel obwalten – auf den Kopf zu stülpen! Aber Farad wehrte sich wie ein Rasender. Das Weib und die beiden Männer, die seine Füße hielten, hatten alle Mühe, sich nicht von ihm abschütteln zu lassen, und so konnten die mit dem glühenden Topf nicht schnell genug zur Tat kommen. Da – in dem Augenblick, als Farads Kräfte bereits zu erlahmen drohten, krachte ein Schuss, und das Weib, das ihn umklammert hielt, sank in den Rücken getroffen, tot zu Boden. Es war Onkel Franks Revolver, von dem diese Kugel gekommen war. Aber ihre Durchschlagskraft war zu groß gewesen, wie sich sogleich zeigte. Farad stieß einen gellenden Schrei aus. Mit einer letzten, übermenschlichen Kraftanstrengung gelang es ihm, sich von seinen Peinigern loszureißen. Dann warf er plötzlich beide Arme hoch in die Luft und fiel sterbend rücklings hin. Die Kugel hatte beide durchbohrt und ihm wenigstens einen leichteren Tod gebracht.

Unbeschreiblich aber war der Tumult der nun folgte. Die Amgabal hatten, wie bereits erwähnt noch niemals den Knall einer Feuerwaffe vernommen, noch ihre Wirkung kennen gelernt. Zunächst herrschte für einen Moment das Schweigen des Entsetzens. Dann freilich ging der Tanz los. Der nächste Mann, der sich von seinem Schrecken erholte, zückte den Speer und würde ihn Leo in die Brust gestoßen haben, wäre dieser nicht rechtzeitig von Onkel Frank zurück und mit fortgerissen worden.

„Laufen wir!", schrie er seinem Neffen und Job zu. „Vorwärts! Dorthin. nach meiner Schlafkammer."

Das war in der Tat ihre einzige, wenigstens vorläufige Rettung. Besser wäre es freilich gewesen, sie hätten den Ausgang, der Höhle gewinnen können, aber der war ihnen durch eine dichtgedrängte Gruppe von Eingeborenen versperrt. Zum Glück war der Weg nach dem bezeichneten Seitengang, der zu Onkel Franks Schlafkammer führte, noch frei und die Entfernung dahin nicht allzu groß. Bevor die Amgaball dazu kamen, sich ihnen hindernd entgegenzustellen, hatten sie ihn erreicht und wandten sich nun mit ihren Schusswaffen gegen die Verfolger, entschlossen ihr Leben so teuer als möglich zu verkaufen. Denn dass sie schließlich doch der Übermacht erliegen würden, daran zweifelte keiner der drei Tapferen.

„Lebt wohl, Onkel Frank!", sagte Leo, indem er seinen linken Arm um den neben ihm Stehenden legte. „Die Schufte werden rasch genug mit uns fertig sein und sich uns nachher vermutlich gut schmecken lassen. Ich bin schuld, dass wir in diese Situation geraten sind, aber ich hoffe, du wirst mir. Verzeihen. Leb wohl, auch du Job!"

„Schicksal nimm deinen Lauf!", erwiderte der Oheim resigniert, und im gleichen Augenblick erhob Job den Revolver, feuerte und streckte einen der Angreifer zu Boden. Nicht den freilich, auf welchen er gezielt hatte, denn Job war ein schlechter Schütze und alles, worauf er zielte, war so gut wie sicher vor seiner Kugel.

Onkel Frank und Leo folgten, seinem Beispiel und schossen, bis die Trommeln ihrer Revolver geleert waren. Leider blieb ihnen keine Zeit mehr, aufs Neue zu laden, denn die Amgabal drängten, ihrer Gefallenen nicht achtend, heran. In dem nun folgenden Handgemenge wurde Leo von mehreren gleichzeitig ergriffen und zu Boden gerissen.

„Ein Messer!", rief eine schrille Stimme.

„Gebt mir ein Messer, um ihm die Kehle durchzuschneiden, und ein Gefäß, um sein Blut aufzufangen für unsere Kulte."

Onkel Frank vernahm diese Worte und sah auch ein Messer blitzen, aber da er selbst mit zwei Gegnern rang, deren er sich nicht zu erwehren vermochte, so konnte er seinem Gefährten nicht zu Hilfe kommen. Er hielt ihn für verloren und schloss die Augen, um sein Ende nicht mit ansehen zu müssen. Plötzlich stockte das Getümmel und als er die Augen wieder öffnete, erblickte er Ustane, die sich über den Geliebten geworfen hatte, um seinen Leib mit dem ihrigen zu decken. Die Amgabal versuchten, sie von ihm wegzureißen. Vergeblich. Dann versuchten sie, ihm das Messer von der Seite her in den Leib zu stoßen, ohne sie mitzutreffen, aber es gelang ihr, den Stich abzuwehren, sodass er nur eine leichte Verletzung erlitt. Endlich verloren die Amgabal die Geduld.

„Durchbohrt sie alle beide!", schrie einer von ihnen. „Heftet sie aneinander, und das soll ihre Vermählung sein!"

Der Mann mit dem Messer richtete sich auf, um zu dem tödlichen Streich auszuholen. Aufblitzte der kalte Stahl – Onkel Frank sah ihn aufblitzen und abermals schloss er die Augen. Er fühlte seine Kräfte ermatten und wusste, dass nach Leo die Reihe an ihm war. Auch Job war bereits überwältigt und gefesselt.

„Halt!"

Es war die Stimme des alten Billali, die wie Donner durch den Raum dröhnte, von den Felswänden mehrfach zurückgeworfen. Onkel Frank erkannte sie sofort und wusste, dass sie nun vorläufig gerettet waren. Gerettet, noch im äußersten Augenblick der Gefahr. Dann schwanden ihm die Sinne.

7. Kapitel.
Die Reise nach Kor.

Drei Tage später, nachdem der alte Billali, der gerade noch rechtzeitig zurückgekehrt war, um das Schlimmste zu verhüten, die Ruhe und Ordnung in der Höhlenansiedlung wieder hergestellt und unsere drei Freunde sich von dem ausgestandenen Schrecken erholt hatten, wurde ihnen eröffnet, dass sie unverzüglich die Reise nach Kor – so hieß die Residenz der Verhüllten – anzutreten hätten. Billali hatte den Befehl mitgebracht und war jetzt eben dabei, die nötigen Vorbereitungen zu treffen, als sich Onkel Frank mit einer Frage an ihn wandte: „Was geschieht mit Ustarne? Wird das Mädchen uns begleiten?"

Der Alte zuckte die Achseln,

„Wenn sie will", sagte er. „In unserem Lande tun die Weiber, was ihnen beliebt. Wir verehren sie und lassen ihnen ihren Willen, weil ohne sie die Welt nicht bestehen könnte. Denn das Weib ist die Quelle, der Urgrund, das Ur-Wasser des Lebens."

„Ah", sagte Onkel Frank, der die Sache niemals vorher von dieser Seite betrachtet hatte.

„So ist es", fuhr der Alte fort. „Wir huldigen ihnen aber nur so lange, bis sie anfangen, unerträglich zu werden, was ungefähr in jeder zweiten Generation der Fall ist."

„Und was dann?"

„Dann", erwiderte Billali schmunzelnd, „dann machen wir uns auf und bringen die Alten um, als Exempel für die Jüngeren und um ihnen zu zeigen, dass wir ihnen doch überlegen sind. Mein armes Weib ist auf solche Weise ums Leben gekommen, vor drei Jahren, und – um die Wahrheit zu gestehen, mein Sohn – ich befinde mich seither wohler, denn die Alte bin ich los und meine Jahre schützen mich vor weiteren Torheiten mit den Jungen. Was nun dieses Mädchen anbelangt", diese Ustane, lenkte er endlich das Gespräch wieder zu seinem Ausgangspunkt zurück, „so weiß ich nicht recht, was ich sagen soll. Sie ist ein gutes Mädchen und sie liebt den Jüngling, deinen Neffen. Du hast gesehen, wie sie sich an ihn

31

klammerte und ihm das Leben rettete. Auch ist sie nach unserem Brauch mit ihm verheiratet und hat das Recht, hinzugehen, wohin er geht, es sei denn, die Verhüllte würde ihr Nein sprechen; denn das Wort der Verhüllten geht über jedes Recht."

„Und falls Ustane sich weigerte zu verzichten", wandte Onkel Frank ein, „was würde geschehen?"

Billali antwortete auf diese Frage mit einer Gegenfrage: „Wenn der Sturmwind dem Baume gebietet, sich zu beugten, und der Baum weigert sich – was geschieht?"

In diesem Augenblick wurde das Gespräch durch die Ankunft der Träger mit den Sänften unterbrochen. Die Reisenden nahmen ihre Plätze ein und auf ein gegebenes Zeichen setzte sich die kleine Karawane in Bewegung. Die Reise von der Höhlenansiedlung nach Kor verlief ähnlich wie die von der Küste herauf: Durch endlose Sümpfe führte der Weg, die von Schlangen, Fröschen und Moskitos wimmelten. Zeitlich am Morgen war man aufgebrochen und als die Nacht kam und unter dem sternbesäten Firmament Rast gemacht und ein Lagerfeuer angezündet wurde, hatte Leo den ersten gefährlichen Fieberanfall. Ustane, die wirklich mitgekommen war, und Onkel Frank bemühten sich um ihn und als der Kranke endlich schlief, lag jener noch lange wach, seinen Gedanken nachhängend, die unablässig um das Geheimnis dieses Landes und seiner Herrscherin kreisten.

War es möglich, sann er, dass es so etwas wie eine Flamme des Lebens gab, ein schöpferisches Fluidum, das imstande war, die sterbliche Hülle des Menschen zu erhalten durch Jahrtausende, in alle Ewigkeit? Und wenn es möglich war, müsste nicht der Person, der ein solches Mittel zu Gebote stand, die ganze Welt untertan werden? Sie konnte allen Reichtum der Erde aufhäufen und alle Macht an sich reißen und alle Weisheit gewinnen, welche Macht bedeutet. Sie konnte ein Menschenleben dem Studium jeder einzelnen Kunst oder Wissenschaft widmen. Das wäre alles möglich und schreiben nicht viele Okkultisten davon? War also die Verhüllte wirklich unsterblich, wie kam es dann, dass sie, mit solchen Schätzen zu ihren Füßen, es dennoch vorzog, in einer Höhle unter dem lemurianischen Kult der Kannibalen zu hausen? Das erschien Onkel Frank so widersinnig, dass er aufs Neue jeden Glauben an den Bericht der Amenartas weit von sich wies. Ein Märchen war das, nichts anderes. Nichts anderes konnte es sein. Und was ihn selbst anging, so würde er die Zumutung, ewig zu leben, durchaus nicht Verlockend gefunden haben. Obwohl sein Leben bisher verhältnismäßig glücklich verlaufen war so hatte es ihm doch zu viele Enttäuschungen und Bitternisse gebracht, als dass er hätte seine Fortsetzung ins Unendliche wünschten mögen. Was er aber nicht wusste war, dass er sich mit seiner körperlichen Verjüngung auch geistig-seelisch mitentwickeln müsste, um in die ewige Harmonie zu gelangen. Augenblicklich war darauf auch nur geringe Aussicht. Viel größer war die Wahrscheinlichkeit, dass seine und seiner Gefährten Tage gezählt und ihnen – allen nur noch eine kurze Frist beschieden war. Entschlossen sich ins Unvermeidliche zu fügen, schlief er endlich ein, und als er erwachte, dämmerte bereits der Morgen. Träger und Bewaffnete liefen hin und her, um alles für den Aufbruch vorzubereiten. Er erhob sich und ging zu Leo, den er aufrecht sitzend fand, das bleiche Antlitz in beide Hände gestützt.

„Wie geht es, Leo?", fragte er. „Wie fühlst du dich?"

„Sterbenselend", lautete die mit matter Stimme gegebene Antwort. „Mein Kopf schmerzt, als wollte er zerspringen."

Auch Job ging es nicht viel besser. Er klagte über Schmerzen im Rücken und vermochte sich kaum zu rühren. Billali, der hinzukam und sah, wie die Dinge standen, zeigte sich kaum Überrascht.

„Ja, das Fieber", meinte er gleichmütig zu Onkel Frank, „dem mag hier selten einer entgehen. Dein Neffe hat einen bösen Anfall, aber er ist jung und wird schon davonkommen. Der Anfall des andern ist nicht so schlimm; er wird höchstens etwas von seinem Fett dabei einbüßen."

„Sind die beiden transportfähig?", fragte Onkel Frank. „Können sie die Reise fortsetzen?"

„Sie müssen, mein Sohn. Wenn sie länger hier bleiben, ist ihnen der Tod gewiss. In ihren Sänften werden sie sich besser fühlen als auf dem Sumpfboden, den wir übrigens bald hinter uns haben werden. Bereits heute Abend gelangen wir in eine bewohnbare Gegend."

Ballali sprach die Wahrheit, aber der Tag, den sie vor sich hatten, war jedenfalls der schlimmste der ganzen Reise. An der Spitze des Zuges schritten jetzt zwei Männer, die mit langen Stöcken den Grund abtasteten. Der Pfad war hier so schmal, dass ein einziger Schritt daneben den Tod bringen konnte. Und wirklich ereignete sich alsbald ein verhängnisvoller Zwischenfall. Einer der Träger von Billalis Sänfte war auf eine Schlange getreten, die ihn ins Bein stach. Vor Schreck und Schmerz ließ er die Stange los, taumelte, begann zu sinken und klammerte sich nun verzweifelt an die Sänfte, die, weil die übrigen Träger gleichfalls den Kopf verloren, sofort umkippte und samt ihrem Insassen in den Sumpf glitt. Als Onkel

Frank das ratlose Geschrei der Leute hörte, ließ er seine Sänfte halten, kletterte vorsichtig heraus und eilte zu der Unglücksstelle. Von dem Träger, der durch seine Unvorsichtigkeit das Ganze verschuldet hatte war nichts mehr zu sehen; über ihm hatte sich bereits das glucksende, gurgelnde Wasser geschlossen, um ihn nimmer wieder herauszugeben. Aber die Sänfte mit dem alten Billali trieb noch obenauf und man konnte deutlich wahrnehmen, wie der darin Befindliche Anstrengungen machte, sich zu befreien, wobei er sich jedoch nur noch ärger in die Vorhänge und die Leinwandbekleidung verwickelte.

„Dort ist er!", rief einer der Umstehenden.

„Dort ist unser Vater!" Aber weder er noch die anderen rührten eine Hand, um ihm zu Hilfe zu kommen,

„Platz da, ihr Trottel!", schrie Onkel Frank sie an, stieß sie beiseite, und sprang, nachdem er sich hastig, seiner Oberkleider entledigt hatte, mitten in den schlammigen Pfuhl. Es gelang ihm mit unsäglicher Mühe, sich zu der Sänfte hinzuarbeiten und den Alten, der glücklicherweise besonnen genug war, sich nicht, wie Ertrinkende zu tun pflegen, an seinen Retter anzuklammern, herauszuziehen und auf festeren Grund zu bugsieren. Auch die Sänfte wurde schließlich gerettet. Noch triefend vom Wasser und mit Schlamm bedeckt, wandte sich der Alte sogleich ergrimmt an seine Träger: „Ihr Hunde und Hundesöhne!", fuhr er sie an. „Ihr hättet mich elend umkommen lassen! Wäre nicht dieser Fremdling gewesen, so wäre ich sicher ertrunken. Aber wartet nur, ich will es euch gedenken! Und auch dir, mein Sohn", wandte er sich an Onkel Frank, „werde ich niemals vergessen, dass du mir das Leben gerettet hast!"

Nachdem sich beide, so gut es ging, gereinigt hatten, wurde die Reise fortgesetzt und der Tag verging ohne weiteren Zwischenfall. Gegen Abend begann die Landschaft sich allmählich zu verändern. Fester Grasboden trat an Stelle der Sümpfe und Tümpel, niedrige Hügelketten tauchten auf und am Fuße einer derselben wurde das zweite Nachtlager aufgeschlagen. Onkel Frank erste Sorge galt Leo, dessen Zustand sich anscheinend noch verschlechtert hatte. Er und Ustane teilten sich in die Pflege des Kranken, der längst nicht mehr bei klarem Bewusstsein war.

Am nächsten Morgen drang Billali darauf, so zeitlich wie möglich aufzubrechen. Er zeigte sich sehr besorgt und sagte, wenn Leo nicht bald Ruhe und heilkundige Behandlung fände, so sei sein Leben ernstlich gefährdet. Sie müssten also trachten, schnellstens ihr Ziel zu erreichen: Kor, die Residenz der Verhüllten.

Zum Glück war dieses Ziel nicht mehr weit entfernt. Noch im Laufe des Vormittags gelangte die Karawane auf eine die übrigen überragende Anhöhe, von der aus sich den Reisenden ein tröstlicher Anblick bot. Zu ihren Füßen lag eine lieblich grünende Landschaft mit hohem Gras, Blumen und Gebüsch. Im Hintergrunde, etwa zwanzig englische Meilen entfernt, erhob sich unvermittelt aus der Ebene ein mächtiges Bergmassiv, dessen unterer Teil gleichfalls noch mit üppiger Vegetation bedeckt war, während der obere das kahle, zerklüftete Gestein zeigte. Der Berg war zweifellos vulkanischen Ursprungs und bildete eine Art natürlicher Festung, deren oberste Zinnen den Himmel zu berühren schienen. Billali, dem die Bewunderung nicht entging, mit welcher Onkel Frank zu dem Bergriesen hinüber sah, ließ seine Sänfte neben die des anderen bringen: „Siehe dort die Wohnung der Verhüllten!", redete er ihn an. „Durfte jemals eine Königin eines solchen Thrones sich rühmen?"

„Es ist wundervoll, mein Vater!", erwiderte jener. „Aber wie werden wir hinaufkommen? Diese Felsen sehen nicht aus, als wären sie leicht zu erklimmen."

„Du wirst schon sehen, mein Sohn. Nun aber schau auf die Ebene unter uns! Was scheint dir das dort zu sein? Du bist ein weiser Mann, also sprich!"

Onkel Frank folgte mit dem Blick der ausgestreckten Hand des Alten und gewahrte eine fast schnurgerade Linie, wie eine Heerstraße, die sich quer durch die Ebene bis an den Fuß des Berges hinzog. Zu beiden Seiten waren hohe Dämme, die allerdings stellenweise bereits in Trümmern lagen und deren Zweck sich Onkel Frank nicht recht zu erklären vermochte. Wozu hätte man eine Straße sollen mit Dämmen versehen?

„Ich denke, mein Vater", antwortete er auf die frage des Alten, „das ist eine Art Heerstraße. Man könnte aber auch auf ein Flussbett raten, oder auf einen Kanal."

„Du hast recht, mein Sohn!", nickte Billali. „Es ist ein Kanal, angelegt von denen, die vor uns dieses Land bewohnten. Zweifellos war einst der Krater des Berges mit Wasser angefüllt. Da gruben sie diesen Kanal und einen unterirdischen Abfluss aus dem Krater, wodurch sie denselben trocken legten und das Land, durch das wir eben gekommen sind, in einen Sumpf verwandelten. Hierauf erbauten sie in dem ausgetrockneten Kraterbett eine Stadt, von die heute nichts mehr übrig ist als ein paar Ruinen und der Name Kor, und meißelten im Laufe von Jahrhunderten die Höhlen und Gänge in die Felsen, die du bald sehen wirst."

„So mag es sein", stimmte Onkel Frank bei. „Aber wie kommt es, dass der Krater sich durch Regen- und Quellwasser noch nicht wieder gefüllt hat?" „Das Volk vor uns war ein kluges Volk, und daher ließen sie einen Ablauf für das Wasser. Siehst du dort zur Rechten den Fluss? Dieser entspringt aus dem Berge. Vorher ergoss sich das Wasser in den Kanal, aber später leitete man es ab und benutzte den Kanal als Straße."

„Also gibt es keinen anderen Zugang auf den Berg, als durch das Flussbett?"

„Doch, es gibt einen, aber der wird geheimgehalten und Menschen und Vieh können ihn nur unter den größten Schwierigkeiten passieren. Er wird auch nur einmal im Jahr benutzt, um die Herden, die außen auf dem Bergabhang und auf dieser Ebene geweidet haben, nach Hause zu bringen."

„Und dort lebt die Verhüllte immer oder verlässt sie auch manchmal den Berg?"

„Niemals, mein Sohn."

Die Karawane; die sich nun wieder in Bewegung setzte, folgte stundenlang dem Kanal. Dann, am Fuße dies Berges angelangt, bogen die Träger nach rechts ab und um weniges später begann der beschwerliche Aufstieg in einer Schlucht, die sich tiefer und tiefer in die Felsen grub, bis sie schließlich zu einem regelrechten Turmes wurde, dem ein schäumender Gießbach entströmte. Hier ließ Billali haltmachen und eröffnete seinen Schützlingen, dass sie sich jetzt – strenger Befehl der Königin – die Augen verbinden lassen mussten. Onkel Frank fügte sich ohne Widerspruch. Leo, der in halber Bewusstlosigkeit dalag, merkte kaum etwas davon. Nur Job, der offenbar fürchtete, das Augenverbinden sei bloß eine Vorbereitung für das „Töpfen", musste erst überredet werden durch die Versicherung, dass keine Töpfe zur Hand seien, und kein Feuer, um sie glühend zu machen.

Und dann ging es mitten hinein in das Herz des Berges. Stundenlang war nichts zu hören, als die eintönigen Fußtritte der Träger, die zwischen den Felswänden widerhallten und das Rauschen des Wassers, das schließlich auch verstummte. Häufige scharfe Wendungen ließen auf ein wahres Labyrinth von Gängen schließen, die bald steilaufwärts führten, bald ebenso jäh sich in die Tiefe senkten. Ein frischerer Luftzug, der sich plötzlich bemerkbar machte, ließ erkennen, dass man wieder ins Freie gelangt war, und gleich darauf hörte Onkel Frank, wie Billali sich mit der Weisung an Ustane wandte, den Fremdlingen die Binden wieder von den Augen zu nehmen.

Sich neugierig umschauend; gewahrte er, dass sie sich-bereits innerhalb des

Kraters befanden, in einer Höhe von etwa fünfhundert Fuß über der Sohle desselben. Und so gewaltig war der Umfang des Kanals, dass die gegenüberliegenden Felswände kaum noch in ihren Umrissen erkennbar waren. Unten auf dem Grunde, der mit reicher Vegetation bedeckt war, weideten Viehherden, und hier und da, zwischen dem satten Grün, ragte verfallenes Gemäuer hervor.

Onkel Frank kam nicht dazu, noch mehr Einzelheiten der Landschaft zu seinen Füßen zu unterscheiden, denn schon waren die Sänften von Scharen bewaffneter Amgabal umringt, deren Anführer sich grüßend an Biliali wandte. Onkel Frank konnte nicht verstehen, was die beiden miteinander redeten. Jedenfalls waren die Bewaffneten ihnen entgegengeschickt worden, um die Ankömmlinge in Empfang zu nehmen und bis ans Ziel zu eskortieren. Dieses war nach einer knappen halben Stunde erreicht: Ein gewaltiger Höhleneingang von etwa sechzig Fuß Höhe und achtzig Fuß Breite. Hier stieg Billali aus seiner Sänfte, und Onkel Frank und Job folgten seinem Beispiel. Nur Leo, der zu schwach war, um sich auf den Beinen zu halten, musste herausgehoben werden.

Der Vordergrund der riesigen Höhle war noch von den Strahlen der untergehenden Sonne erhellt; im Hintergrunde aber brannten zahlreiche Lampen, die wie aus unendlicher Entfernung herüberschimmerten und einen Anblick darboten, wie die Gaslampen in einer einsamen Vorstadtstraße.

Das erste, was Onkel Frank ins Auge fiel, waren die reichen Basrelief-Skulpturen an den Felswänden, welche die verschiedensten Szenen darstellten, aber hauptsächlich Liebespaare in innigster rituell-magischer Umarmung, und ihre Münder waren weit geöffnet, um Laute, Töne oder Worte auszusprechen.

Hier und da waren Schriftzüge in den Stein gehauen, von einer Form, die weder den griechischen, noch den ägyptischen, persischen oder assyrischen ähnelte, sondern vielleicht am nächsten den chinesischen Runen verwandt war.

In der Nähe des Höhleneinganges waren Bilder und Inschriften schon ziemlich verwischt, weiter im Innern hingegen noch so gut erhalten, als hätte der Künstler erst gestern den Meißel weggelegt.

Die bewaffnete Eskorte blieb draußen vor dem Eingang. Die Eintretenden aber wurden von einem weißgekleideten Manne in Empfang genommen, der sich tief vor Billali verneigte, ohne ein Wort zu sprechen – denn er war, wie sich später herausstellte, taubstumm.

Etwa zwanzig Fuß vom Eingange entfernt, wurde die Haupthöhle in rechtem Winkel von einer geräumigen Galerie gekreuzt. Der Zugang zur Linken war von zwei bewaffneten Wächtern besetzt, woraus man schließen konnte, dass dort sich die Gemächer der Königin befanden. Die rechte Galerie war unbewacht und dorthin wurden unsere Reisenden geleitet. Der Taubstumme ließ sie zunächst in einen Raum eintreten, dessen Türöffnung mit einer Matte verhängt war. Luft und Licht – mehr von der ersteren als von dem letzteren – erhielt dieses Gemach durch schießschartenähnliche Fenster, die nicht ins Freie, sondern in einen Schacht mündeten, welcher mit einer tief in den Bergabhang einschneidenden Schlucht in Verbindung stand. Die Lagerstätte, auf welche der schwerkranke Leo gebettet wurde, war aus Stein gehauen und mit schön gegerbten Leopardenfellen bedeckt, In einer Ecke standen mehrere Gefäße mit Wasser zum Waschen.

Ustane, die mit eingetreten war, blieb bei ihrem Geliebten, doch entging es Onkel Frank nicht, dass der Taubstumme ihr einen wenig freundlichen Blick zuwarf, als, wollte er sagen: „Wer bist du und mit welchem Recht drängst du dich hier ein?"

Ein zweiter ähnlicher Raum, neben dem soeben beschriebenen, wurde Job angewiesen, ein dritter und vierter waren für Onkel Frank und den alten Billali hergerichtet.

8. Kapitell.
Bei ihr.

Am nächsten Morgen, als Onkel Frank, der gut geschlafen hatte, eben mit dem Ankleiden fertig war, trat abermals eine taubstumme Person, und zwar diesmal ein junges Mädchen, in seine Zelle und forderte ihn durch unmissverständliche Gesten auf, ihr zum Frühstück zu folgen. Letzteres war in einem größeren Raume vorbereitet, in welchem er Job bereits anwesend fand. Es bestand aus gekochtem Ziegenfleisch, frischer Milch und einer Art Kuchen aus Schrotmehl. Nachher begaben sie sich an Leos Krankenbett, der Ärmste delirierte noch immer, und Ustane, die keinen Augenblick von seiner Seite gewichen war, hatte Mühe, ihn am Aufstehen zu verhindern. Onkel Frank sprach zu ihm, und seine Stimme schien den Fiebernden zu beruhigen.

Etwa eine Stunde später fand sich Billali ein. Er tat sehr wichtig und verkündete mit Feierlichkeit, dass die Verhüllte den Wunsch ausgesprochen hatte, Onkel Frank zu sehen – eine Ehre, die, wie er

38

ausdrücklich hinzufügte, nur sehr wenigen zuteil wurde. Aber zu seiner großen Enttäuschung musste er merken, dass der Fremdling sich aus der seltenen Ehre gar nicht viel machte. Weit mehr als diese Audienz bei einer – wie er meinte – halbwilden Tyrannin lag Onkel Frank das Schicksal seines Neffen am Herzen, für dessen Leben er fürchten musste.

Dennoch erhob er sich bereitwillig, um mit dem Alten zu gehen, während Job und Ustane bei Leo zurückblieben. Billalis Führung bestätigte ihm, dass seine früheren Vermutungen über die Lage der Gemächer der Königin richtig gewesen waren. Sie durchquerten die große Hohle und betraten den auf der anderen Seite befindlichen Gang, vor dessen Eingang die Wächter standen. Auch hier mündeten rechts und links Türöffnungen, die mit Vorhängen verhängt waren und jedenfalls zu den Gemächern der taubstummen Dienerschaft der Verhüllten führten. Am Ende des Ganges angelangt, sahen sie sich dann einem Portal gegenüber, das an Stelle der Vorhänge schwere, eherne Türflügel hatte, und vor welchem abermals zwei bewaffnete Wächter standen, die sich tief vor ihnen verneigten.

Von einem unsichtbaren Mechanismus in Bewegung gesetzt, öffneten sich die Türflügel lautlos und Billali trat mit seinem Begleiter in ein geräumiges Vorzimmer, das mindestens vierzig Fuß im Quadrat hatte. In diesem Raume, der von zahlreichen Lampen erhellt wurde, saßen auf Kissen eine Anzahl junger hübscher Mädchen, welche eine Art Stickrahmen vor sich hatten, an denen sie mit elfenbeinernen Nadeln arbeiteten. Reichbestickt mit seltsamen Ornamenten, man kann sie mit runischen Symbolen vergleichen, war auch der schwere Vorhang, welcher vor einer Türöffnung am anderen Ende des Gemaches hing. Zu beiden Seiten derselben standen als Hüterinnen in demütigster Haltung, mit tiefgesenkten Köpfen, die Arme in Runenstellung über die Brust gekreuzt, zwei besonders hübsche Mädchen, die, als Billali und Onkel Frank sich ihnen näherten, mit einem Griff den schweren Vorrhang zur Seite rafften. Und nun tat Billali etwas Sonderbares: Mit einem Ruck warf sich der ehrwürdige Greis zu Boden, und, auf Händen und Knien, während sein langer, weißer Bart auf dem Boden schleifte, kroch er über die Schwelle. Onkel Frank folgte ihm aufrecht. Als der Alte über die Schulter zurückblickend dies gewahrte, geriet er in Bestürzung: „Nieder, mein Sohn!", raunte er ihm zu. „Nieder auf deine Hände und Knie, wenn dir dein Leben lieb ist! Wir gelangen jetzt vor das Antlitz der Verhüllten, die jeden auf der Stelle vernichtet, der es an der schuldigen Ehrerbietung fehlen lässt."

Aber Onkel Frank, seiner Würde als Engländer eingedenk, konnte sich trotzdem nicht entschließen, der Aufforderung nachzukommen. Wenn ich mich, dachte er, einmal dazu herbeilasse, auf meinen Knien zu kriechen, so werde ich es immer tun müssen, und das wäre eine unerträgliche Erniedrigung. Nein, und wenn es den Kopf kosten sollte, ich tue es nicht.

Aufrecht betrat er also das nächste Gemach, das beträchtlich kleiner war als der Vorraum und dessen Wände ringsum mit arabeskenbedeckten Stoffen austapeziert waren. Der steinerne Fußboden war hier spiegelglatt poliert und mit Teppichen belegt, Auch einige Sitzgelegenheiten waren vorhanden, künstlich geschnitzte Armstühle aus Ebenholz, mit Elfenbein eingelegt.

Am jenseitigen Ende des länglichen Raumes führten ein paar Stufen zu einer gleichfalls verhangenen Nische empor, aus welcher ein gedämpfter Lichtschimmer hervordrang. Sollte dort sich der Thron der Verhüllten befinden?

Mühselig und langsam kroch der alte Billali vorwärts und Onkel Frank schritt hinter ihm her, so würdevoll er vermochte. – „Das war aber gar nicht so leicht", erzählte er in späteren Tagen Leo nach seiner launigen Weise. „Billali war nicht hervorragend geschickt im Kriechen, vermutlich weil das Alter ihn steif gemacht hatte. Ich befand mich unmittelbar hinter ihm und fühlte mich manchmal versucht, ihm mit einem guten Fußtritt nachzuhelfen. Kannst du dir vorstellen, wie das aussieht, vor den Thron einer königlichen Majestät zu gelangen in einem Aufzuge wie ein Irländer, der ein Schwein zu Markte treibt?" – Endlich erreichten sie die Stufen der verhängten Nische und hier legte sich Billali platt auf den Bauch, die Hände nach vorn gestreckt, als ob er tot wäre. Onkel Frank, der nicht recht wusste wie er sich verhalten sollte, blickte verlegen um sich und eine leise Beklommenheit bemächtigte sich seiner. Er hatte das bestimmte Gefühl, dass jemand durch den Vorhang hindurch ihn beobachtete. Er konnte die Person nicht sehen, aber er fühlte ihren Blick auf sich ruhen und seine Beklommenheit steigerte sich zur Angst. Der weite Raum war so öde, und schweigsam und Billali lag so regungslos da vor ihm wie ein Toter. Minute um Minute verstrich. Kein Laut unterbrach die Stille, keine Bewegung des Vorhanges verriet, dass sich etwas Lebendes dahinter befand. Aber der Blick der Unsichtbaren ging ihm durch Leib und Seele und zum ersten Male vielleicht in seinem Leben versagte der Mut des sonst so tapferen Engländers. Kein Zweifel, er würde die Flucht ergriffen haben, wenn Flucht überhaupt möglIch gewesen wäre.

Da – endlich bewegten sich ganz sachte die Falten des Vorhanges, zwischen denen plötzlich eine schöngeformte weiße Hand erschien mit langen, schlanken Fingern und rosigen Nägeln. Die Hand erfasste den Vorhang und zog ihm beiseite, und eine Stimme schlug an Onkel Franks Ohr, so weich und silberklingend, wie er noch keine vernommen hatte. Richtig magisch berührten ihn diese Töne.

„Fremdling", sagte die Stimme auf arabisch und zwar einem viel reineren, im Vergleich zu dem Dialekte der Amgabal fast klassisch zu nennenden Arabisch. „Fremdling, warum fürchtest du dich so sehr?"

Der Angeredete blickte jäh auf und die Antwort erstarb ihm auf den Lippen. Denn vor ihm stand, vom Kopf bis zu den Füßen in ein weißes, schleierdünnes Gewand gehüllt, eine hohe schlanke Frauengestalt. Und seltsam! Trotzdem durch den dünnen Schleierstoff das warme Fleisch hindurchschimmerte, musste er beim ersten Anblick unwillkürlich an eine Mumie in ihren Grabbinden denken, weil das Gewand nicht lose war, sondern sich in engen Windungen um den Körper schmiegte. Überhaupt hatte die Gestalt etwas Geisterhaftes an sich, etwas Un- oder Überirdisches, das Entsetzen einflößte. Eine Aura des Unheils tat sich kund, wie man es normalerweise nicht kennt. Onkel Frank stiegen die Haare zu Berge und kalter Schweiß trat ihm auf die Stirn.

„Warum fürchtest du dich, Fremdling?", fragte jetzt die süße Stimme aufs Neue. „Sehe ich denn so schrecklich aus, dass ein Mann vor mir sich fürchten müsste? Dann wahrlich sind die Männer heute nicht mehr, was sie einst gewesen sind!"

Bei diesen Worten wandte sie sich mit einer koketten Bewegung ihm zu und streckte den einen Arm aus, um ihm all ihre Lieblichkeit zu zeigen und das rabenschwarze Haar, das in welliger Fülle bis fast zu den Knöcheln hinabreichte.

„Deine Schönheit, o Königin, ist es, die mich erschreckt", stammelte Onkel Frank, der kaum wusste. was er sagen sollte: Aber der alte Billali der noch immer ausgestreckt auf dem Boden lag, ließ, als er diese Schmeichelei vernahm, ein deutliches Beifallsgemurmel hören: „Gut, mein Sohn! Sehr gut!"

„Ich siehe, dass die Männer noch immer auf falsche Worte sich verstehen, um uns Frauen zu betören", sagte die Verhüllte; und mit einem leisen Lachen, das sich wie das Klingen ferner Silberglöckchen anhörte, fügte sie hinzu: „Aber, Fremdling, ich weiß es besser. Du bist erschrocken, weil der Blick meiner magischen Augen bis in dein Herz drang. Deshalb bist du erschrocken! Aber da ich nur ein Weib bin, so verzeihe ich dir die Lüge, welche die Höflichkeit dir eingab. Nun aber berichte mir, wie ihr hierher gekommen seid in dieses Land der Höhlenbewohner, in das Land der Sümpfe, der Ruinen und toten Schatten? Was sucht ihr hier? Wie kommt es, dass euer Leben euch so wohlfeil ist, um es in die Hand der Verhüllten zu geben? Erkläre mir ferner, wo ihr meine Sprache erlernt habt? Wird sie noch gesprochen in der Welt draußen unter den Nachkommen Sems? Du siehst, ich hause hier in den Höhlen der Toten und erfahre nichts von den Geschicken der übrigen Menschheit, habe auch nie danach verlangt. Ich lebe hier nur mit meinen Erinnerungen, und die sind in einem Grabe, das meine eigenen Hände gegraben haben. Wahrlich!"

Die Königin unterbrach ihre seltsame Rede, denn ihr Auge war auf Billali gefallen, dessen kläglicher Anblick sie wieder in die Gegenwart zurückrief: „Ah, du bist auch da, Alter!", sagte sie. „So magst du mir gleich Aufklärung geben und über das, was sich unlängst in deiner Hausgemeinschaft zugetragen hat. Wie konnte es geschehen, dass diese meine Gäste feindlich angegriffen wurden? Dass einer beinahe von deinen Kindern, diesen Bestien, getötet und aufgefressen worden wäre? Und dass auch die anderen, wenn sie sich nicht so tapfer gewehrt hätten, erschlagen worden wären, so dass selbst ich nicht vermocht hätte, ihnen das Leben zurückzugeben? Sag an, Alter, was hat das zu bedeuten? Was kannst du vorbringen, damit ich dich nicht denen übergebe, die meine Rache ausführen?"

Die Verhüllte hatte im Zorn ihre Stimme erhoben, sodass sie klar und kalt von den Felswänden widerhallte, und Onkel Frank glaubte ihre Augen durch den Schleier hindurch blitzen zusehen. Aufgrund ihrer Macht leuchteten die Augen!

Der arme Billali erzitterte und erbebte, als ob sein letztes Stündlein bereits gekommen sei.

„O du Verhüllte!", flehte er ohne sein weißes Haupt vom Boden zu erheben, „du, die du so erhaben bist, sei auch barmherzig und begnadige deinen gehorsamen Sklaven! Es war weder meine Absicht noch meine Schuld, sondern die der Verruchten, welche meine Kinder heißen. Aufgestachelt von einem Weibe, das einer deiner Gäste verschmäht hatte, wollten sie tun nach der alten Sitte des Landes und den fetten Schwarzen auffressen, der mit deinen Gästen gekommen war. Diese aber griffen zu ihren Waffen und töteten das Weib, und töteten auch ihren schwarzen Diener, um ihn vor der Qual dies heißen Topfes zu bewahren. Und dann, o du Verhüllte, kam es zum Kampfe und diese Fremdlinge kämpften wie Löwen. Sie wären aber doch wohl der Überzahl erlegen, wenn ich nicht im letzten Augenblick dazwischengetreten wäre. Ich rettete sie, und die Übeltäter, die sich an ihnen vergriffen hatten, nahm ich fest und sandte sie hierher nach Kor, wo sie nun deines Gerichtes harren."

„Ich weiß, Alter", nickte die Königin. „Und morgen will ich in der großen Halle sitzen und Gerechtigkeit an ihnen üben. Dir aber soll Gnade zuteil werden. Geh hin und sieh zu, dass du deine Hausgemeinschaft besser im Zaum haltest!"

Das ließ sich Billali nicht zweimal sagen. Hurtig erhob er sich auf die Knie, neigte sein Haupt noch dreimal zeremoniell bis auf den Boden und zog sich kriechend zurück.

9. Kapitel.
Ein rätselhaftes Weib.

„Da geht er hin, der weißhaarige alte Narr!", sagte die Verhüllte. „Ach, .wie spärliche Erkenntnis doch der Mensch in seinem Leben erwirbt! Wie Wasser in der hohlen Hand schöpft er sie, und sie rinnt ihm durch die Finger; aber wenn seine Hände auch nur wie von Tau benetzt sind, so bewundern ihn seine Mitmenschen und erheben ein Geschrei: Oh, seht diesen weisen Mann! – Ist es nicht so, Fremdling? Doch nun sage mir, wie man dich in deiner Heimat nennt!"

„Ich heiße Holly, o Königin!", antwortete Onkel Frank, dem jetzt, da er sich dem rätselhaften Weibe allein sah, womöglich noch bänger zumute wurde,

„Hollly?", wiederholte sie, „was bedeutet das?"

„Holly bedeutet Stechpalme, und das ist ein stacheliger Baum, der in meiner Heimat wächst."

Die Königin ließ ein leises Lachen hören. „Nun, stachelig siehst du gerade nicht aus, Fremdling. Aber groß und stark wie ein Baum bist du, und wie ich glaube auch ehrlich und verlässlich. – Aber nun, Holly, bleibe nicht dort stehen, sondern tritt näher und nimm Platz bei mir. Ich möchte dich nicht auf dem Boden kriechen sehen wie diese meine Sklaven, deren Verehrung und Furcht mich anekelt."

Während sie also sprach, zog ihre alabasterweiße Hand den Vorhang noch weiter zur Seite und nun zeigte sich, dass die vermeintliche Nische eigentlich ein kleines Kabinett war, in welchem ein Ruhebett stand mit einem Tischchen daneben, und auf dem letzteren eine Schüssel mit Früchten und eine Karaffe kristallklaren Wassers. Im Hintergrunde des

Gemaches war eine Art Bassin in den Steinboden gehauen, das gleichfalls mit klarem Wasser angefüllt war. Mehrere von der Decke herabhängende Lampen verbreiteten ein müdes Licht und die Luft war gesättigt mit Wohlgerüchen. Süßer Wohlgeruch schien auch von dem prachtvollen Haar und den weißschimmernden Gewändern der Königin auszuströmen.

„Setze dich!", gebot sie Onkel Frank, der noch unschlüssig dastand, und deutete auf das Lager. „Noch hast du nichts von mir zu fürchten. Solltest du aber Grund zur Furcht geben, so wirst du nicht lange fürchten müssen, denn darin würde ich ein schnelles Ende mit dir machen. So lass jetzt also dein Herz leicht sein!"

Onkel Frank setzte sich, ihrer Aufforderung nachkommend, an das dem Wasserbassin zugekehrte Ende dies Ruhebettes, während sie selbst sich sachte an dem entgegengesetzten Ende niederließ.

„Und nun sag an", fuhr sie fort, auf ihre frühere Frage zurückkommend, „wie geht, es zu, dass du arablisch sprichst? Denn wisse, das ist meine eigene teure Muttersprache. Ich bin eine geborene Araberin aus dem Stamme Kahtan und meine Vorfahren herrschten in der alten und berühmten Stadt Ozal, in dem glücklichen Lande Jemen. Aber du sprichst arabisch nicht wie es bei uns gesprochen wurde. Deiner Aussprache fehlt die süße Musik und der Wohllaut, an den ich gewohnt war, und manche Wörter sind entstellt wie im Dialekt dieser Amgabal."

„Ich habe die arabische Sprache aus Büchern erlernt", erklärte Onkel Frank. „Und so, wie ich sie spreche, wird sie in Ägypten und einigen anderen Ländern gesprochen."

„Sie ist also doch noch nicht ausgestorben? Und auch Ägypten existiert sie noch? Welcher Pharao sitzt denn jetzt auf dem Throne? Regiert noch immer die Brut des Perseis Ochus, oder sind die Achämeniden dahin? Denn es ist lange her seit den Tagen des Ochus."

Onkel Frank war über diese seltsamen Fragen mehr als verblüfft: Er war so bestürzt, dass er gar nicht sofort zu antworten vermochte.

„Seit zweitausend Jahren", sagte er dann endlich, „sind die Perser fort aus Ägypten und nach ihnen haben die Ptolemäer, die Römer und manch andere am Nil geherrscht. Reiche sind dort emporgeblüht und wieder verfallen, sobald ihre Zeit reif war. Aber du, o Königin, was kannst du wissen von dem Perser Artaxerxes."

Über diese Frage ging die Verhüllte mit einem leisen Auflachen hinweg, das Onkel Frank ganz unheimlich in den Ohren klang.

„Und Griechenland", forschte sie weiter, „gibt es noch ein Griechenland?

Oh, ich liebte die Griechen! Sie waren schön wie der Tag, und tapfer, aber auch stolzen Herzens und unbeständig."

„Ja", sagte Onkel Frank. „Es gibt noch ein Griechenland. Aber Griechenland und die Griechen sind heute kaum ein Schatten mehr von dem, was sie einst gewesen sind."

„Wirklich? Aber sind die Hebräer noch in Jerusalem? Steht der Tempel noch, den der weise König erbaut, und verehrt man darin noch den finstern und blutdürstigen Jehowah? Ist der Messias der Juden gekommen, von dem sie so viel prophezeiten und so aufdringlich predigten?"

„Das jüdische Reich ist untergegangen, und das Volk in alle Welt zerstreut. Jerusalem ist heute nicht mehr, das es einst war, und was den Tempel anbelangt, den Herodes erbaute."

„Herodes?", fiel die Königin ein. „Ich kenne keinen Herodes. Doch fahre fort!"

„Diesen Tempel haben die Römer verbrannt. Die römischen Adler flogen über seine Ruinen und Judäa ist zur Wüste geworden."

„So, so. Ja, sie waren ein großes Volk diese Römer, ein Volk, das nur allzu hastig seinem Ende zueilte. In schicksalbeflügelter Eile, ihren eigenen Adlern vergleichbar, wenn sie sich auf ihre Beute stürzten. Ein Volk von Kriegern waren sie, die mit Waffengewalt den Frieden bereiteten."

„Si vis pacem, para bellum!", schaltete Onkel Frank ein.

„Ah, du sprichst auch Latein", rief die Verhüllte überrascht aus. „Es klingt wunderlich in meinen Ohren, nach so langer Zeit, und mich dünkt, deine Aussprache und Betonung ist nicht ganz die gleiche, wie die Römer sie hatten. Du scheinst rein gelehrter Mann zu sein. Kannst du auch Griechisch?"

„Freilich, o Königin. Sogar auch etwas Hebräisch. Aber das sind jetzt alles tote Sprachen."

Als die Verhüllte dies hörte, schlug sie in kindischer Freude die Hände zusammen.

„Das gönne ich den Juden", rief sie. „Ich habe dieses Volk, weil sie mich eine Heidin nannten, als ich sie meine Philosophie lehren wollte. Und ihr Messias ist also nicht erschienen, um das Gottesreich auf Erden zu errichten?"

„Er ist gekommen", versetzte Onkel Frank mit der Ehrfurcht des gläubigen Christen. „Aber er kam arm und demütig, und so wollten sie nichts von ihm wissen. Sie marterten ihn und schlugen ihn ans Kreuz, aber seine Lehre und sein Werk leben fort, denn er war Gottes Sohn und zu ihm bekennt sich heute die halbe Welt."

„Wirklich?" – Es klang ein starker Zweifel aus dieser Frage. „Der Sohn eines Gottes ließ sich martern und ans Kreuz schlagen? Wie konnte er dann aber ein Reich gründen?"

„Es ist ein Reich des Geistes, nicht der irdischen Macht."

„Und sind sie glücklich und zufrieden die Untertanen dieses gekreuzigten Königs?"

Auf diese Frage zögerte Onkel Frank mit der Antwort.

„Sie haben wenigstens die Verheißung", wich er aus, denn er fühlte, wie der Blick der Verhüllten wieder ernst und durchdringend wurde. Sie nützte ihre Macht.

„Die Verheißung?", wiederholte sie nach einer Pause des Schweigens, und fügte dann achselzuckend hinzu: „Seit man Geschichte schreibt, nährt sich die Menschheit von Verheißungen. Der wahre Messias hätte das Antlitz der Erde umgestalten müssen, und dann würden auch wir hier von ihm gehört haben. Jener wird also auch wohl nur ein Betrüger gewesen sein. Doch lassen wir das", – sie machte eine wegwerfende Handbewegung – „was kann auch aus dem Judlenvolke Großes kommen? Als ich ihnen zu Jerusalem Weisheit lehren wollte, steinigten sie mich! Vor dem Tempeltore hetzten die weißbärtigen, heuchlerischen Rabbis das Volk auf, mich zu steinigen! Sieh her, hier habe ich noch eine Narbe davon, die mir als Andenken geblieben ist!"

Mit einer raschen Bewegung streifte sie den Schleier von ihrem linken Arm und zeigte Onkel Frank ein Mal, das rötlich auf der weißen Haut schimmerte. Unser Freund schrak davor zurück.

„Verzeihung, o Königin!", sagte er, „du setzest mich in Erstaunen. Fast zweitausend Jahre sind über die Menschheit dahingegangen seit der jüdische Messias auf Golgatha den Kreuzestod starb. Wie ist es möglich, dass du den Juden deine Philosophie gebracht haben kannst, bevor er geboren war? Du bist doch ein Weib und kein Geist bist. Wie kann ein Weib zweitausend Jahre leben? Warum willst du mich zum Besten halten, O Königin?"

10. Kapitel:
Ischah entschleiert sich:

Die Verhüllte lehnte sich auf dem Lager zurück und abermals fühlte Onkel Frank den Blick ihrer hinter dem Schleier verborgenen Augen bis ins Herz

46

durchdringend auf sich ruhen.

„Oh, Mann", sagte sie endlich langsam und mit zögernder Überlegung, „es scheint, dass es dennoch Dinge gibt auf Erden, von denen du nichts weißt. Glaubst du wirklich, wie jene alten Hebräer, dass alle Wesen sterben und vergehen. Wahrlich, ich sage dir, es gibt keinen Tod, sondern nur Wechsel, Veränderung der Form. Siehe", – sie erhob den Arm und zeigte auf die Skulpturen, welche auch in diesem Gemache einen Teil der Felswand bedeckten – „dreimal zweitausend Jahre sind vergangen, seit die Letzten des großen Volkes, welche diese Bilder meißelten, dem Hauche der Pest zum Opfer fielen, aber tot sind sie nicht. Sie leben noch immer. In dieser Stunde vielleicht umschweben uns ihre Geister, und manchmal", – sie ließ ihren Blick durch den Raum schweifen - „ja, manchmal ist mir, als könnte ich sie sehen!"

„Aber für die Welt sind sie tot", wagte Onkel Frank einzuwerfen.

„Nur für eine gewisse Zeitspanne. Denn selbst für diese Welt werden sie immer wiedergeboren. Ich, Ja ich, Ischah, das ist, Fremdling, mein wahrer Name, ich sage dir, dass ich jetzt eben harre der Wiedergeburt Eines, den ich einst liebte, und hier, an diesem Orte hause ich, bis er mich findet, in der sicheren Überzeugung, dass er hierher kommen und hier mich begrüßen wird. Oder aus welchen anderen Grunde meinst du, dass ich, die so mächtig ist, deren Reize die der griechischen Helena und deren Weisheit die dies Königs Salomon übertrifft, ich, welche die Geheimnisse der Natur ergründet und selbst jenen Wechsel, den man Tod nennt, für einige Zeit überwunden hat – aus welchem Grunde meinst du, dass ich hier unter Barbaren lebe, die schlimmer als reißende Tiere sind?"

„Ich weiß nicht", antwortete Onkel Frank.

„Ich sagte es dir bereits: Weil ich auf Einen warte, den ich liebe. Mein Leben ist vielleicht böse gewesen – ich weiß das nicht, denn wer kann sagen, was gut und was böse ist? – und so fürchte ich mich, zu sterben, wenn ich überhaupt sterben könnte; denn in diesem Falle könnte sich eine Trennungsmauer zwischen uns erheben, die ich vielleicht niemals zu übersteigen vermöchte. Aber der Tag wird kommen, und sollten auch nochmals fünftausend Jahre darüber hingehn, an welchem er, mein Geliebter, wiedergeboren wird; und dann, einem Gesetz gehorchend, das stärker ist als Menschenwille, wird er hierher klommen und mich finden, wo er einst mich kennen gelernt, und sein Herz wird sich mir zuneigen, obgleich ich damals mich an ihm versündigt habe. Und sollte er mich auch nicht wiedererkennen, so wird er mich dennoch lieben müssen, um meiner

Schönheit willen!"
Auf diese Rede fand Onkel Frank nicht sofort eine Antwort. Zuviel Neues, Unerhörtes, Unfassbares war mit den Worten der Verhüllten über ihn gekommen.

„Aber, o Königin", stammelte er endlich, „selbst wenn es wahr wäre, dass alle Menschen immer wiedergeboren werden, so trifft das doch auf dich nicht zu, die du behauptest unsterblich zu sein!"

„So ist es", erwiderte sie. „Und es ist so, weil es mir gelungen ist, halb durch Zufall und halb durch mühevolles magisches Studium, eines der großen Welträtsel zu lösen. Höre, Fremdling: Leben ist kein leerer Begriff, sondern eine unanzweifelbare und höchst kosmische Wirklichkeit; warum also sollte es nicht möglich sein, dieses Leben für eine Weile zu verlängern, wenn man die Mittel dazu kennt, die nötigen Praktiken beherrscht? Was, sind zehn-, oder zwanzig-, oder fünfzigtausend Jahre im Strome der Ewigkeit? In zehntausend Jahren vermögen Regen und Sturm eine Bergspitze kaum um eine Spanne niedriger zu machen. In zweitausend Jahren haben diese Höhlen sich nicht verändert, nichts hat sich verändert, nichts hat gewechselt, ausgenommen die Tiere und die Menschen, die wie Tiere sind. Das Leben ist wunderbar, aber seine Verlängerung ist nicht wunderbar. Natur hat ihren Lebensgeist, so gut wie der Mensch, der ein Kind der Natur ist, der göttlichen Natur und wer diesen Geist der Natur entdeckt und seinen Hauch, seinen ewigen Klang ergründet hat, auf sich wirken lässt, der lebt ihr kosmisches Leben mit. Ewig freilich wird er auch nicht leben, denn die Natur ist nicht ewig; auch sie muss einst sterben im neuen Äon oder richtiger sich wandeln und schlafen, bis es wieder Zeit ist für sie, neu zu leben. Aber wann wird das geschehen? Jedenfalls noch lange nicht, und so lange sie lebt, wird der, welcher ihr schöpferisches Geheimnis des Tones besitzt, mit ihr leben.

Ich besitze dieses Runen-Geheimnis auch noch nicht ganz. Es ist nämlich gewaltig! Doch aber mehr davon, als irgendjemand vor mir. Für dich, o Fremdling, ist all dies ohne Zweifel ein tiefes Mysterium und mehr will ich dir auch heute nicht darüber offenbaren. Ein andermal, wenn ich dazu aufgelegt bin, sollst du mehr erfahren. Es kann aber auch sein, dass ich nie mehr davon spreche. – Und nun sage mir: Hast du dich nicht gewundert, wieso ich wusste, dass ihr an unserer Küste gelandet seid, und so euer Leben rettete?"

„Nein, o Königin!", antwortete Onkel Frank matt.

„So schau hin auf dieses Wasser!", gebot sie, auf das Bassin deutend, über welches sie nun, sich vorbeugend, die Hand ausstreckte.

Onkel Frank erhob sich und schaute, und augenblicklich verdunkelte sich das mit Akasha geladene Wasser mittels der Eh-Rune. Als es gleich darauf wieder klar wurde, sah er etwas Wunderbares: Wie in einem Spiegel sah er das Boot auf dem Kanal, den sie nach ihrem Schiffbruch befahren hatten, und in dem Boote Leo, der ohnmächtig dalag; sah sich selbst und Job und Farad auf den Bänken: sitzend, die Ruder in der Hand!

„Großer Gott!", rief er zurückbebend auf, „das ist ja Zauberei!"

„Zauberei?", sagte die Verhüllte. „Meinetwegen, wenn du es so nennen willst. Ich nenne es die gesetzmäßige Kraft der Runen! Dieses Wasser ist mein Spiegel. In ihm sehe ich und kann dir zeigen, was geschieht in der Gegenwart und was in der Vergangenheit geschehen ist, sofern es in irgendeiner Beziehung zu diesem Lande steht oder zu etwas, das mir oder dir, der jetzt hineinschaut, bekannt ist. Denke an irgendeine Person, die du kennst, und du wirst sogleich ihr Bild in dem Wasser erblicken. Aber ganz besitze ich auch dieses Geheimnis noch nicht: Die Zukunft ist mir noch verschlossen. Es ist ein uraltes Geheimnis, aber ich vermochte es noch nicht völlig zu ergründen. Die ägyptischen und arabischen Zauberer, vor allem Hermes Trismegistos, kennen es seit Jahrtausenden. Vor einigen Tagen erinnerte ich mich wieder jenes alten Kanals, den ich vor zwanzig Jahrhunderten befahren hatte und fühlte mich versucht, einen Blick darauf zu werfen. Ich schaute also in dieses Bassin, und da erblickte ich ein Boot und drei Männer darin, von denen einer, der jung und schön war, schlafend oder bewusstlos dalag. Daraufhin sandte ich Leute aus, um euch zu retten. Und nun sage du mir, wie geht es dem jungen Mann? Ich würde ihn aufsuchen, aber er ist, wie ich hörte, schwer fieberkrank.

„Ja, o Königin!", erwiderte Onkel Frank, „du bist recht berichtet. Leo, mein armer Neffe ist sehr schwer krank. Kannst du nichts für ihn tun?"

„Ich kann. Wie lange liegt er schon im Fieber?"

„Den dritten Tag."

„So mag er noch einen Tag liegen. Vielleicht überwindet er die Krankheit von selbst; das wäre besser als jede Behandlung. Sollte jedoch bis morgen Abend noch keine Besserung eingetreten sein, dann will ich kommen und ihm eine Medizin reichem. Wer ist denn bei ihm, um ihn zu pflegen?"

„Unser weißer Diener Job und –" (hier zögerte Onkel Frank ein wenig) – eine junge Frau namens Ustane, eine von den Eingeborenen, die bei unserer Ankunft ihn, als sie ihn zum ersten Male sah, umarmte und küsste und seither nicht von ihm gewichen ist."

Die Königin machte eine Bewegung des Unwillens.

„Ustane? Ich entsinne mich nicht ... Sollte es die sein, vor der ich gewarnt worden bin und die ich wiederum warnte? Ist sie – doch halt! Ich will sofort sehen."

Sie beugte sich abermals vor und streckte die Hand in einer magischen Geste über das Wasserbassin aus: „Schau her", sagte sie. „Ist sie das?"

In der Tat zeigte jetzt das Wasser auf seiner ruhigen Oberfläche das Spiegelbild von Ustanes hübschem Gesicht. Ihr Haupt war leicht geneigt und ihre Züge hatten einen Ausdruck großer Zärtlichkeit.

„Sie ist es", bestätigte Onkel Frank leise. „Sie bewacht Leos Schlaf."

„Also Leo heißt der Jüngling", versetzte Ischah in Gedanken verloren. Der Name ist lateinisch, nicht wahr, und bedeutet Löwe? Und diese Ähnlichkeit", fuhr sie, wie zu sich selbst sprechend, fort, „diese sonderbare Ähnlichkeit. Aber nein, es – ist ja nicht möglich! ... "

Und mit einer ungeduldigen Bewegung strich ihre Hand bewusst nochmals über das Wasser. Es verdunkelte sich, das Bild verschwand, und abermals spiegelte die Wasserfläche nur das schimmernde Lampenlicht wieder.

„Hast du, Holly, irgendeinen Wunsch, bevor du gehst?", fragte sie dann nach kurzem Schweigen. „Es ist ein rauhes Leben, in das ihr hier geraten seid, unter ein Volk von Wilden, die von Kultur nichts wissen. Ich habe mich damit abgefunden und liebe, wie du siehst" – sie deutete auf das kleine Tischchen neben dem Ruhebett – „ausschließlich von Früchten, Brot und Wasser. Keine andere Speise kommt jemals über meine Lippen. Ich habe meine Mädchen angewiesen, euch zu bedienen. Sie sind stumm, wie du weißt, taubstumm sogar, und daher die verlässlichsten Dienerinnen. Ich habe sie so magisch gezüchtet, beeinflusst. Es hat die Zeit von Jahrhunderten und viel Mühe gekostet, doch endlich ist es mir gelungen. Schon einmal, vor Zeiten, hatte ich damit Erfolg gehabt, aber die Rasse war allzu hässlich, und so ließ ich sie wieder aussterben. Einmal auch brachte ich ein Geschlecht von Riesen zustande, aber die Natur wollte sie nicht dulden und sie wurden von einer Seuche hingerafft. Und nun, Holly, frage ich dich nochmals: Hast du irgendeinen Wunsch?"

„Ja, Herrin!", antwortete der Europäer kühn, aber in seinem Herzen war ihm gar nicht so zuversichtlich zumute, als er sich den Anschein gab. „Ich möchte dein Antlitz sehen dürfen."

Ischah ließ ihr glockenreines Lachen hören.

„Bedenke dich Holly", sagte sie. „Bedenke dich! Du kennst doch die alten griechischen Göttermythen. War es nicht Aktäon, der elend umkam, weil er

50

zu viel Schönheit sah? Vielleicht, wenn ich dir mein Antlitz zeige, wird sich dir das Herz in hoffnungsloser Sehnsucht verzehren. Denn ich bin nicht für dich; ich bin für keinen Mann, ausgenommen den Einen, der einst lebte, aber noch nicht wieder ins Leben zurückgekehrt ist."

„Wie du willst, o Königin", entgegnete Onkel Frank. „Aber wisse, ich fürchte deine Schönheit nicht. Mein Herz steht nicht mehr nach solchen Eitelkeiten, wie Frauenschönheit ist, die gleich einer Blume hinwelkt."

„Da irrst du aber", versetzte sie. „Meine Schönheit ist nicht so vergänglich. Sie besteht, solange ich lebe. Aber du sollst deinen Wunsch erfüllt haben, nur darfst du mir dann keinen Vorwurf machen, wenn die Leidenschaft deiner Vernunft Herr wird, wie der Bereiter eines Pferdes, und sie lenkt, wohin du nicht willst. Denn niemals, wisse, kann der Mann, dem ich meine Schönheit entschleiere, den Eindruck wieder aus seinem Geiste weglöschen. und deshalb zeige ich mich auch diesen Wilden nur verschleiert, diesem Volke, das ich verachte und das ausgerottet zu werden verdiente. Also, Holly, willst du sehen?"

„Ich will!", beharrte Frank Holly, der seine Neugier nicht zu zügeln vermochte.

Da erhob die Verhüllte ihre weißen rundlichen Arme – niemals zuvor hatte er so herrliche Arme gesehen – und langsam, ganz langsam löste sie irgendeine Spange, die unter ihrem lang herabfallenden Haar verborgen war. Dann plötzlich, glitt das lange weiße Schleiergewand von ihrem Haupte, und Frank Holly erblickte ein Antlitz, vor dem er unwillkürlich wie geblendet zurückbebte. Wohl hatte er schon von einer Schönheit himmlischer Wesen gehört, aber jetzt sah er sie und ihr Anblick war mehr als er zu ertragen vermochte. Sie war die Schönheit in Reinform!

„Der Mann. existiert nicht", erzählte er später von jenem Erlebnis, „dessen Feder auch nur eine schwache Vorstellung des überwältigenden Liebreizes zu vermitteln vermöchte, der sich mir in diesem Antlitz offenbarte. Nein, ich vermag es nicht zu beschreiben. Ich könnte von ihren tiefdunklen Augen sprechen, von dem rosigen Hauch auf ihren Wagen, von der hohen, edelgeformten Stirn, die von einer Fülle schwarzen Haares umrahmt wurde, von ihrem klassisch-regelmäßigen Zügen … Schön, überirdisch schön war das alles, aber in alledem lag nicht der eigentliche Zauber ihrer Schönheit. Dieser Zauber wurde vielmehr bewirkt durch die sichtbare Majestät und königliche Anmut, welche ihr Haupt wie mit einem Heiligenschein – ihrer Aura – umgaben. Ich hatte in meinem Leben schon manche Schönheit gesehen aber noch niemals eine von solcher Art, wie diese, die so wenig

Irdisches an sich hatte."

Wie gebannt durch irgendeine magisch-magnetische Anziehung, der er nicht zu widerstehen vermochte, fühlte Frank Holly seinen Blick von dem ihrigen festgehalten, und ihm war, als ströme aus den großen, leuchtenden Augen ein Fluidum auf ihn über, das ihn sichtlich erregte und zugleich seine Willenskraft lähmte. Sie lachte leise auf und nickte ihm zu, in einer Anwandlung himmlischer Koketterie, die einer Venus Victrix würdig gewesen wäre.

„Verwegener!", sagte sie. „Gleich Aktäon hast du deinen Willen gehabt; nun sieh zu, dass du nicht gleich Aktäon elend umkommst von den losgelassenen Kettenhunden deiner eigenen Leidenschaften in Stücke zerrissen. Denn auch ich, Holly, bin eine jungfräuliche Göttin, deren Gunst kein Mann gewinnen kann, Einer ausgenommen, und das bist nicht du! Sag, hast du nun genug gesehen?"

„Ich habe den Anblick unvergleichlicher Schönheit genossen", erwiderte der Mann vor Erregung heiserer Stimme, „und ich bin wie geblendet!"

Und er presste beide Hände gegen seine Augen, wie ein Geblendeter, um sich vor dem allzu grellen Licht zu schützen.

„Was habe ich dir gesagt?", fuhr Ischah in vorwurfsvollem Tone fort. „Schönheit ist wie ein Blitzstrahl; lieblich leuchtend, aber zugleich auch vernichtend. Und nun geh, Holly! Geh und suche zu vergessen, dass du Ischahs Schönheit geschaut hast!"

Nach diesen Worten wandte sie sich von ihm ab, warf sich auf das Ruhebett und barg ihr Antlitz in den Kissen.

Frank Holly aber taumelte hinweg und kehrte, er wusste selbst nicht wie, in seine Felsenkammer zurück.

11. Kapitel.
Verwünschungen.

In der folgenden Nacht fand Frank keinen Schlaf, so wie er den Rest des Tages über keine Ruhe mehr gefunden hat. Je angestrengter er über das, was er erlebt und gesehen hatte, nachdachte, desto weniger vermochte er sich damit zurechtzufinden.

War er wahnsinnig, betrunken, in einem Traum befangen – oder bloß das Opfer einer unerhörten Täuschung? War es denn möglich, dass ein Weib zweitausend Jahre leben und dabei ihre Jugend und Schönheit bewahren konnte? Und dass Menschen, die einmal schon gestorben waren, von Zeit zu Zeit wiedergeboren wurden? Freilich, die Okkultisten, von denen er niemals hatte etwas wissen wollen, glauben an solche Möglichkeiten und an noch ganz andere.

Aber wenn er sich auch vornahm, in seinen Zweifeln zu verharren, den übernatürlichen Zauber von Ischahs Schönheit vermochte er nicht zu leugnen und seiner Wirkung sich nicht zu entziehen. Frank Holly war ein verstockter Junggeselle, der nach einer einzigen schmerzlichen Erfahrung in seiner Jugend für das schönere Geschlecht bis auf diesen Tag nichts mehr übrig gehabt hatte. Und nun? Mit Schrecken und Beschämung musste er sich eingestehen, dass Ischah mit ihrer Voraussage recht behielt: Er vermochte ihr Bild nicht mehr aus seinem Geiste zu verbannen, wie eine Vision schwebte es ihm überall vor den Augen, und der Weiberfeind fühlte, dass er wahrhaftig verliebt sei, leidenschaftlich und hoffnungslos verliebt in die gefährliche Zauberin, der die Erfahrung eines zweitausendjährigen Lebens und ein übernatürliches Wissen, das ihr übernatürliche Macht verlieh, zu Gebote standen …

Ach hätte er sich doch nur warnen lassen! Verwünscht die Neugier, die den Mann anstachelt, dem Weibe den Schleier abzureißen, und verwünscht der Naturtrieb in ihm, dem jene Neugier entspringt!

Es ging auf Mitternacht, als Frank Holly in wahnsinniger Verzweiflung von seinem Lager aufsprang. Sein übermüdeter Körper und überanstrengter Geist erweckte seine Einbildungskraft zu außergewöhnlich lebhafter Tätigkeit. Gedanken wurden zu Visionen, Vorstellungen zu Halluzinationen, die in buntem Wirbel durch sein Gehirn jagten. Die meisten waren grotesk genug, einige geisterhaft; und hinter und über diesen allen schwebte die Gestalt des schrecklichen Weibes in ihrer hinreißenden Lieblichkeit, welche ihn wahnsinnig zu machen schien.

Auf und nieder rannte Frank Holly in dem engen Gemach, das von der noch brennenden Lampe nur matt erhellt wurde. Da plötzlich bemerkte er an einer Stelle der Felswand eine schmale Öffnung, die ihm bisher entgangen war. Er holte sich die Lampe herab und leuchtete hinein: Es zeigte sich eine Treppe, welche steil in die Tiefe führte. Diese Entdeckung war interessant genug, seine Gedanken abzulenken. Unter fremden Menschen, in einer so abenteuerlichen Umgebung, kann es einem nicht gleichgültig sein, wenn man in seiner Schlafkammer einen geheimen Zugang entdeckt. Wo ein solcher vorhanden ist, können Leute herein kommen, die einen im Schlafe überraschen, wenn man wehrlos ist.

Mit der Lampe in der Hand begann Frank Holly die steinerne Treppe hinabzusteigen, teils um zu ergründen, wohin dieselbe führte, teils auch bloß um überhaupt irgendetwas vorzunehmen.

Die Treppe endete in einem Gang, dem er folgte. Um ihn her herrschte Grabesstille, selbst seine eigenen Schritte blieben unhörbar, da er in Strümpfen ging. Nachdem er ungefähr fünfzig Schritte zurückgelegt hatte, gelangte er an einen zweiten Gang, der den ersten rechtwinklig kreuzte, und hier widerfuhr ihm das Missgeschick, dass ein plötzlicher scharfer Luftzug seine Lampe auslöschte. Nun stand er da, von undurchdringlicher Finsternis umgeben, mitten in den Eingeweiden des geheimnisvollen Felsenlabyrinthes. Streichhölzer oder Feuerzeug hatte er nicht bei sich. Sollte er den Rückweg versuchen oder sich noch weiter vorwärts wagen? Und nach welcher Richtung? Während er noch unentschlossen dastand, entdeckte plötzlich sein Auge, das sich allmählich an das Dunkel gewöhnt hatte, geradeaus in weiter, weiter Ferne einen Lichtschimmer. Vielleicht also führte der Gang zu einer Höhle, wo er Menschen antreffen oder wenigstens eine Lampe vorfinden würde.

Langsam und vorsichtig begann er sich an den Wänden weiterzutappen, Schritt für Schritt, um nicht irgendwo anzustoßen oder über etwas zu stolpern. Und er zählte die Schritte. Dreißig Schritte – er erblickte ein Licht, das aufleuchtend und wieder verschwindend, durch einen Vorhang schien! Fünfzig Schritte – es war schon ganz nahe! Sechzig – oh, gütiger Himmel! Dicht vor dem Vorhang stehend, der aus zwei Teilen bestand, zwischen denen ein schmaler Spalt offen war, sah er in das Innere einer kleinen Höhle, die den Eindruck einer Grabkammer machte und von einem Feuer erhellt wurde, das in ihrer Mitte mit weißlicher, rauchloser Flamme brannte.

Und wirklich! Dort zur Linken befand sich eine steinerne Erhöhung, wie ein Podium, und darauf lag etwas, das wie ein Leichnam aussah, über welchen ein weißes Leinentuch gebreitet war. Über das Feuer neigte sich die Gestalt einer Frau, die in einen dunkeln Mantel gehüllt, unverwandt in die flackernde Flamme starrte.

Plötzlich richtete sich die Gestalt hoch auf. Noch ein Ruck, und der dunkle Mantel fiel zu ihren Füßen nieder. Und nun erkannte Frank Holly die Frau: Es war Ischah. Sie war jetzt anders gekleidet, als vorher, da sie ihm das Antlitz enthüllt hatte: Ein goldener Gürtel, der eine Schlange mit zwei Köpfen darstellte, hielt unter dem Busen das weiße, lose herabwallende Gewand zusammen und auf dem Haupte trug sie ein Diadem von Gold, mit blitzenden Edelsteinen besetzt, wie es im alten Ägypten Tradition war.

Aber auch ihre Züge schienen verwandelt. Ihre Schönheit zwar war noch die gleiche, aber ein unbeschreiblicher Ausdruck wilder Leidenschaft und grausamer Rachsucht hatte sie ins Dämonische entstellt. Sie war verbunden mit ihrer irdischen Gottheit, um schöpferisch zu arbeiten.

Fast eine Minute lang verharrte sie regungslos, dann plötzlich hob sie beide Arme über ihr Haupt in Man-Runen-Stellung, sodass ihr Gewand bis zum Gürtel herabgleitend, die blendendschöne Form ihrer Brüste enthüllte. Mit ausgestreckten Händen stand sie da und ihre Lippen bebten wie von mühsam unterdrückten Verwünschungen. In diesem Augenblick musste Frank Holly daran denken, was geschähe, wenn er auf seinem Lauscherposten entdeckt würde. Übel würde es ihm ergehen, aber selbst die Aussicht auf den sicheren Tod hätte nicht vermocht, ihn zurückzuschrecken.

Jetzt ließ Ischah die erhobenen Arme sinken, hob sie wieder empor, ließ sie wieder sinken und, wahrhaftig – er glaubte seinen Augen nicht trauen zu dürfen – die weiße Flamme inmitten des Raumes folgte diesen Bewegungen: Stieg abwechselnd steil bis fast zur Decke empor, ein geisterhaftes Licht auf die Gestalt der Königin werfend, und sank dann wieder in sich zusammen, sodass es fast dunkel wurde in dem unheimlichen Gemache. Und nun öffnete Ischah den Mund und hob zu sprechen an. Frank Holly drohte der Herzschlag stille zu stehen, als die wilden Worte mit runischer Betonung an sein Ohr schlugen:

„Fluch ihr! In alle Ewigkeit soll sie verflucht sein! Fluch ihrem Andenken! Ewig verflucht sei der Name der Ägypterin! Fluch der schönen Tochter des Nils! Um ihrer Schönheit willen sei sie verflucht. Fluch der ägyptischen Zauberin. Fluch ihr, deren Zauber den meinigen überwand. Fluch ihr, dem stolzen Weibe, das mir den Geliebten raubte!"

Auf und nieder bewegten sich die Arme der Beschwörerin, auf und nieder stieg die flackernde Flamme. Jetzt aber beide Hände vor die Augen pressend, hielt sie mit der Beschwörung inne und klagend kam es von ihren Lippen: „Ach, Flüche! Flüche! Wozu nützen sie? Sie hat mich überwunden und ist dahingegangen!"

Und schon begann sie von Neuem mit verzweifelter Energie: „Fluch ihr, wo immer sie auch sein mag! Meine Flüche sollen ihr nachgehen und ihre Ruhe stören! Fluch ihr, über Raum und Zeit hinweg! Noch unter den Schatten soll sie verflucht sein! Noch im Grabe soll sie meinen Fluch hören, dass er ihre Seele scheuche in die äußerste Finsternis! Hinabfahre sie, verflucht, in den tiefsten Abgrund der Verzweiflung, und wisse, dass der einst meine Rache sie ereilen wird!"

Abermals sank zugleich mit ihren Atmen auch die Flamme und abermals bedeckte sie mit den Händen die Augen: „Vergebens!", jammerte sie, „ach vergebens! Wer vermag diejenigen zu erreichen, die den tausendjährigen Schlaf schlafen? Niemand vermag es, und auch ich vermag es nicht!"

Und dennoch fuhr sie als bald in ihrer grausigen Beschwörung fort: „Verflucht sei ihre Wiedergeburt! Unter einem Fluch soll sie wiedergeboren werden! Von der Wiegte bis zum Grabe sei mein Fluch über ihr! Und dann, an der Verfluchten, will ich meine Rache üben, und will sie vernichten!"

Flackernd stieg und fiel die Flamme, sich spiegelnd in den weitaufgerissenen Augen der Beschwörerin.

Frank Holly schauderte. Unter dem Wechsel von Hell und Dunkel war ihm, als habe er den Leichnam auf der steinernen Bahre sich regen sehen, jedoch das war wohl nur eine Täuschung gewesen. Aber er hatte unrecht, denn die Leiche diente zur Verwirklichung der nekromantischen Operation. Der irdische Geist sollte dort einfahren.

12. Kapitel.
Der Leichnam.

Endlich schien der wilde Eifer der Beschwörerin zu ermüden. Sie murmelte noch einige unverständliche Worte, dann verstummte sie und ließ sich erschöpft auf den harten Steinboden nieder, das Haupt tief vornübergeneigt, sodass ihr gelöstes Haar wie eine dunkle Wolke Antlitz und Brüste bedeckte. Eine ganze Weile herrschte Grabesstille in der Felsenkammer. Frank Holly war schon im Begriff, sich zurückzuziehen, als plötzlich ein schluchzender Laut ihn aufs Neue an seinen Platz bannte. Er beobachtete, wie eine heftige Erschütterung den Körper der Kauernden durchbebte: Ischah weinte.

Es war ein stilles, verzweifeltes Weinen, das lange anhielt, bis endlich der grenzenlose Jammer, der ihr solche Tränen erpresste, sich in klagenden Worten kundgab: „Zweitausend Jahre", stöhnte sie, „zweitausend Jahre habe ich gewartet und ausgeharrt. Doch ob auch Jahrhundert sich an Jahrhundert reihte im Ablauf der Zeiten, der Stachel der Erinnerung ist nicht stumpfer, das Licht der Hoffnung nicht heller geworden. Oh, die Pein, zweitausend Jahre gelebt zu haben, mit dieser verzehrenden Leidenschaft im Herzen! Grausam beraubt des Trostes der Sterblichen: Der

Vergessenheit! Zweitausend schwere Jahre, die hinter mir, und endlose schwere Jahre, die noch vor mir liegen! O mein Geliebter! Mein Geliebter! Warum musste dieser junge Fremdling mich wieder an dich erinnern? Seit fünfhundert Jahren habe ich nicht mehr so bitter gelitten wie heute! Wann endlich kehrst du zurück zu mir? Zu mir, die alles besitzt und dennoch, ohne dich nichts! Ach, was soll – was kann ich tun? Und zu denken, dass vielleicht sie, die Ägypterin – dass sie vielleicht mit dir weilt, dort, wo du jetzt bist, in einem fernen Lande oder auf einem fernen Stern, und meines Andenkens spottet! Sie, vereint mit dir, und ich hier, einsam und verlassen, in tausendjähriger Sehnsucht meinen Frevel büßen! Ach, dass ich hätte mit dir sterben können; ich, die ich deinen Tod herbeigeführt habe. Aber wehe mir, ich kann nicht sterben! Wehe mir, dreimal wehe!"

Mit diesen Worten warf sie sich ganz zu Boden, sodass ihre Stirn den kalten Stein berührte und schluchzte und weinte so herzbrechend, dass der Lauscher in seinem Versteck sich nur mit Mühe zurückzuhalten vermochte. Plötzlich hielt sie inne. Sie richtete sich auf, sprang auf die Füße, ordnete ihr Gewand und trat vor das Podium, auf welchem der verhüllte Leichnam lag.

„Kallikrates!", rief sie aus und Frank Holly erbebte, als er diesen Namen hörte: „Ich muss wieder einmal dein Antlitz schauen; und ob mir der Anblick auch das Herz zerrisse, ein Menschenalter ist es her, seit ich dich, den ich getötet habe, zum letzten Mal angesehen…"

Mit zitternder Hand erfasste sie einen Zipfel des verhüllenden Linnens, hielt aber, wie von einer unsichtbaren Gewalt gehindert, wieder inne, ihre Stimme klang heiser, als sie fortfuhr, im Flüsterton, wie wenn der Gedanke, der von ihr Besitz ergriffen hatte, ihr selber unaussprechlich schrecklich wäre: „Soll ich dich auferwecken, Kallikrates?", redete sie den Toten an. „Soll ich machen, dass du wieder vor mir stellst, so wie damals, in jener längstvergangenen Zeit? Ich kann es vollbringen! Oh, sicherlich, ich vermag es, wenn ich will!"

Sie hielt jetzt beide Hände über den Leichnam ausgestreckt in der Stellung des Hüters Amun, raunte dazu die Ka-Rune, und ihr Leib war schrecklich anzusehen, in seiner regungslosen Starrer, die Augen hatte sie halb geschlossen, die Lippen fest aufeinander gepresst. Frank stiegen bei dem Anblick die Haare zu Berge, und wieder schien es ihm, als beginne der Leichnam sich zu regen; die Brust des Toten sich atmend zu heben und zu senken, wie die eines Schlafenden.

Als Ischah ihre Hände sinken ließ, hörte die Täuschung, wenn es eine solche gewiesen war, sogleich auf.

„Ach, was könnte es mir nützen?", fuhr sie düster fort. „Was hätte ich davon, wenn es mir gelänge, den Anschein des Lebens hervorzurufen, da ich doch die Seele selbst nicht herbeibeschwören kann? Wenn du auch dastündest vor mir, so würdest du mich doch nicht erkennen und könntest nur tun, was ich dir eingebe. Das Leben in dir wäre mein Leben, meine erschaffende Kraft der Laf-Rune, und nicht deines, o Kallikrates!"

Für einen Moment stand sie sinnend da, hierauf warf sie sich neben dem Leichnam auf die Knie und begann wieder und wieder ihre Lippen auf die Linnenhülle zu pressen und sie mit ihren Tränen zu benetzen. Und so schrecklich war der Anblick des weinenden Weibes, die an der Leiche des Geliebten sich hemmungslos ihrem Schmerze hingab, dass Frank ihn nicht länger zu ertragen vermochte.

Er wandte sich ab und begann, sich längs der Felswand in dem unterirdischen Gange den Weg, den er gekommen, zurückzutasten. Zweimal stolperte er, fiel und raffte sich wieder empor. Endlich erreichte er die Treppe, die zu seiner Kammer emporführte. Als er diese betrat, übermannte ihn die physische und geistige Erschöpfung. Schwer fiel er auf sein Lager nieder und verlor das Bewusstsein. Es war mehr eine Ohnmacht, als ein Schlaf zu nennen.

Zweites Buch.
Der Tempel der Wahrheit.
1. Kapitel.
Ein Strafgericht.

Billali, der von der Königin gesandt war, um Frank Holly abzuholen, fand diesen nicht mehr in seiner Schlafkammer, sondern, noch kaum erholt von den ausgestandenen Aufregungen, zusammen mit Job und Ustane am Krankenlager seines Neffen.

Der Alte warf nur einen flüchtigen Blick auf den Patienten und schüttelte besorgt das Haupt: „Er wird heute Abend sterben", sagte er. „Das verhüte Gott, mein Vater!", erwiderte Onkel Frank. Doch auch er musste sich schweren Herzens gestehen, dass kaum mehr eine Hoffnung vorhanden war, wenn nicht Ischah ein Wunder tat. Aber diese schien es damit nicht eilig zu haben.

„Die Gebieterin befiehlt dich zu sich, mein Sohn!", entledigte sich nun Billali seines Auftrages. „Aber ich beschwöre dich, sei vorsichtiger. Ich habe gestern tausend Ängste ausgestanden, als du dich weigertest, vor ihr niederzufallen. Jetzt will sie in der großen Halle Recht sprechen über die Ungehorsamen, die den Tod eures Dieners verschuldet und euch selbst am Leben bedroht haben. Komm also mit, mein Sohn, und zwar rasch! Sie ist schon unterwegs nach der Halle."

In der Tat fanden sie die Höhle bereits von Menschen erfüllt. Ein aus dem Felsen gehauener würfelförmiger Steinblock im Hintergrunde war durch übergeworfene kostbar bestickte Stoffe in eine Art Thronsitz umgewandelt worden. Plötzlich erscholl aus der Menge der Ruf: „Hia! Hia – sie kommt! Sie kommt!", und alle warfen sich, wie von einer unsichtbaren Sense niedergemäht, zu Boden. Nur Frank Holly blieb auch diesmal aufrecht stehen, und so kannte er bequemer als die übirigen den Einzug der Königin beobachten. An der Spitze des Zuges schritten bewaffnete Wächter, dann. folgten die stummen Diener und Dienerinnen, welche brennende Lampen trugen, und dann endlich erschien sie – eine hohe, weißgekleidete Gestalt, ihr Antlitz wie die Göttin Isis immer hinter dichten Schleiern verborgen. Leibwache und Dienerschaft nahmen zu beiden Seiten des Thrones Aufstellung, auf welchem die Herrin sich niederließ. Sie wandte sich sogleich dem Fremden zu, um ihn anzureden; und zwar in griechischer Sprache, denn sie wollte nicht, dass ihre Leute es verstanden, was sie zu ihm sprach: „Komm näher herbei, Holly!", sagte sie. „Setze dich hier zu meinen Füßen nieder und gib acht, wie ich diejenigen richte, die euch töten wollten!"

Der Angeredete verbeugte sich und gehorchte ihrer Aufforderung.

„Wie hast du geschlafen, diese Nacht, Holly?", fragte sie jetzt.

„Ich habe nicht gut geschlafen, o Königin", lautete die wahrheitsgemäße Antwort. Frank Hollys Stimme bebte ein wenig, denn er fürchtete, sie könnte etwas von seiner Anwesenheit vor der Grabkammer des Kallikrates wissen. Aber diese Befürchtung erwies sich als irrig.

„Auch ich", versetzte sie mit einem leisen Lachen, „habe heute Nacht nicht gut geschlafen. Ich hatte Träume, seltsame Träume, an denen du, wie ich glaube, mit schuld bist."

„Und wovon träumtest du, o Königin, wenn mir die Frage gestattet ist?" Frank Holly versuchte, seiner Stimme einen möglichst gleichgültigen Klang zu geben, was ihm aber nicht so recht gelingen wollte, denn in

Wirklichkeit bebte sein Herz der Antwort entgegen.

„Ich träumte", erwiderte Ischah, „von einer, die ich hasse, und von einem, den ich liebe…" Hierauf, rasch abbrechend, wandte sie sich in arabischer Sprache an den Befehlshaber ihrer Leibwache: „Bringt die Gefangenen herbei!"

Diese, die bisher unter Bewachung in einem der Seitengänge zurückgehalten worden waren, boten einten recht kläglichen Anblick. Es waren etwa zwanzig Mann. Als sie vor die Herrscherin geführt wurden, wollten sie sich dem allgemeinen Brauch folgend, gleichfalls zu Boden werfen, aber sie verwehrte es ihnen.

„Nein", sagte sie mit ihrer sanftesten Stimme, „bleibt stehen! Ich bitte euch, stehen zu bleiben. Vielleicht ist die Zeit schon nahe, da ihr es überdrüssig werdet, so ausgestreckt dazuliegen!"

Sie ließ abermals ihr melodisches Lachen hören und ein Schauer des Entsetzens rann durch die Reihe der Gefangenen.

Zwei oder drei Minuten lang herrschte nun tiefes Schweigen. Nach der Bewegung ihres Hauptes zu schließen, schien Ischah die Delinquenten einen nach dem andern sehr aufmerksam zu betrachten.

„Holly, mein Gast", wandte sie sich endlich an diesen, „erkennst du die hier anwesenden Männer?"

„Ja, o Königin, nahezu alle!"

„So schildere nun mir und dieser ganzen Versammlung den Hergang der Sache!"

Frank Holly fasste sich der Aufforderung nachkommend, so kurz als möglich. Nachdem er geendet hatte, wurde Billali von der Königin aufgerufen, der die Darstellung bestätigte. Damit war das Zeugenverhör geschlossen.

„Ihr hab alles gehört", richtete Ischah nun an die Gefangenen das Wort, und ihre Stimme klang jetzt hart und streng. „Was habt ihr vorzubringen, ihr Rebellen, zu eurer Verteidigung?"

Eine ganze Weile erfolgte überhaupt keine Antwort, bis schließlich doch ein hochgewachsener, kräftiger Bursche Mut fasste: Der Befehl der Königin, brachte er vor, habe nur dahin gelautet, die Weißen Männer zu schonen, daher hätten sie kein Unrecht darin erblickt, den schwarzen Diener der Fremdlinge nach gutem alten Brauch zu töpfen, in der Absicht, ihn nachher zu verzehren. Der Angriff auf die übrigen sei in einem Anfall von Wut erfolgt, den sie tief bereuten. Er endete mit der demütigen Bitte um Begnadigung, die Königin möge ihnen das Leben schenken und sich mit der Strafe der Verbannung in die Sümpfe begnügen. Aber der mutige Redner hatte kein Glück.

„Ihr Hunde und Schlangengezücht", fiel ihm Ischah ins Wort. „Ihr Menschenfresser und Meuterer! Ich hatte euch durch Billali, den Vater eures Haushaltes, meinen strengen Befehl zukommen lassen und ihr wagtet es dennoch, ihm zuwiderzuhandeln. Wahrlich für euch wäre der Tod noch eine allzu milde Strafe! So höret nun euer Schicksal: Ihr sollt in die Marterkammer gebracht und den Folterknechten überliefert werden und wer von euch morgen bei Sonnenuntergang noch am Leben ist, der wird auf dieselbe Weise umgebracht, wie ihr den Diener dieser meiner Gäste umbringen wolltet!"

Sie hielt inne und ein Gemurmel des Schreckens lief durch die versammelte Menge. Die Gefangenen aber, die bisher leidliche Fassung gezeigt hatten, warfen sich zu Boden und begannen um Gnade zu heulen. Frank Holly, dessen Augen und Ohren die Szene nicht zu ertragen vermochten, wollte bei Ischah Fürsprache für die Unglücklichen einlegen, fand aber gleichfalls kein Gehör.

„Nein, mein Freund", sagte sie, indem sie sich jetzt wieder der griechischen Sprache bediente, „es kann nicht sein. Wollte ich dieselben Bestien Gnade gewähren, so wäre euer Leben keinen Tag mehr sicher. Du kennst sie noch nicht, sonst würdest du kein Wort für sie sprechen. Es sind Raubtiere, die nach Blut dürsten, und es ist euer Blut, nach welchem sie dürsten. Wie glaubst du denn, dass ich dieses Volk regiere? Nicht durch Gewalt, denn ich habe nur ein Regiment Bewaffnete. Meine Herrschaft ist auf die Einbildung gegründet. Einmal vielleicht in einem Menschenalter tue ich was ich soeben getan, und statuiere ein Exempel mit Folter und Todesstrafe. Glaube ja nicht, dass ich grausam sein oder Rache üben will an diesem Volke, das so tief unter mir steht! Was hätte ich auch davon? Wer so lange gelebt hat wie ich, Holly, der hat keine Leidenschaften mehr außerhalb seiner persönlichen Interessen. Und die stehen ja hier gar nicht auf dem Spiele. Obwohl ich dieses Gesinde im Zorn oder in reiner bittern Laune mit Leichtigkeit vernichten könnte, so tue ich es dennoch nicht. Du hast gewiss schon am Himmel die kleinen Wölkchen dahin und dorthin ziehen sehen, aber den Wind konntest du nicht sehen, der sie treibt. So ist es mit mir, Holly. Meine Launen sind die kleinen Wölkchen, und der Wind, vor dem sie einherziehen, ist mein unerschütterlicher Wille. Nun denn, die Männer müssen sterben, und zwar so, wie ich gesagt habe."

Hierauf wandte sie sich plötzlich an den Befehlshaber der Leibwache:

„Führet die Verurteilten hinweg!", gebot sie. „Und seht zu, dass mein Urteil buchstäblich erfüllt werde!"

2. Kapitel.
In der letzten Minute.

Da Frank Holly für die Gefangenen nicht mehr tun konnte, so besann er sich jetzt auf die Gelegenheit, Ischah um Hilfe für seinen schwerkranken Neffen anzugehen, und diesmal zeigte sie sich bereitwillig. Sie forderte ihn auf, an das Krankenbett zurückzukehren und versprach, alsbald nachzukommen.

„Ja", sagte sie, „ich will kommen und nach dem Jüngling sehen. Das Fieber muss einstweilen seinen Willen haben, aber wenn er im Begriffe ist zu sterben, so werde ich ihn retten. Das ist keine Zauberei, Holly. Ich kenne ein unfehlbares Mittel, aber ich muss es erst zubereiten. Geh also jetzt, und sobald ich damit fertig bin, bringe ich es selbst zu dem Kranken."

Onkel Frank tat wie ihm geheißen, fand aber Job und Ustane bereits in größter Aufregung. Sie hatten ihn überall gesucht und berichteten, dass Leo dem Tode nahe sei. Und es schien, dass sie recht hatten. Er lag besinnungslos und schweratmend da, seine Lippen bebten und von Zeit zu Zeit rann ein Fieberschauer durch den abgezehrten Leib.

Und nun begann für die Drei eine entsetzliche Wartezeit. Stunde um Stunde verging und mit jedem keuchenden Atemzuge entfloh ein Teil der Lebenskraft, jeder matte Herzschlag brachte die Auflösung näher. Stunde um Stunde. Aber die ersehnte Hilfe, die einzige, auf welche man noch hoffen konnte, blieb aus. Und doch hatte Ischah ihr feierliches Versprechen gegeben. Sollte sie es vergessen haben?

Endlich, als das Leben des Kranken nur mehr nach Minuten zählen konnte, raffte sich Onkel Frank auf, entschlossen die Königin noch einmal aufzusuchen. In demselben Augenblick stieß Job, der, mit dem Gesicht dem Eingang zugewandt dasaß, einen erschreckten Ruf aus: „Gott helfe uns, Herr! Da steht eine Leiche auf der Schwelle!"

Onkel Frank fuhr herum: Ah, das war Ischah in ihrem weißen Schleiergewand. So war sie endlich also doch noch gekommen!

„O Königin", rief er aus, ihr entgegeneilend, „ich fürchte, es ist zu spät!"

„Solange er atmet, ist es nicht zu spät", lautete die Antwort. „Aber sage mir doch: Holly, ist der Mann dort euer Diener, und ist das die Art und Weise, wie bei euch zu Lande die Diener einen Besucher begrüßen?"

Letztere Bemerkung galt Job, der aus Angst vor der fremdartigen Erscheinung in die hinterste Ecke des Gemaches geflüchtet war, wo er sein Gesicht gegen die Wand presste.

„Er fürchtet sich vor dir", entschuldigte ihn Onkel Frank. „Er hält dein weißes Gewand für ein Leichentuch und dich für ein Gespenst."

Ischah lachte. „Und dieses Mädchen", fuhr sie fort, auf Ustane deutend die sich der Landessitte folgend, auf ihr Angesicht niedergelegt hatte. „Ah, ich weiß, das ist sie, von der du mir erzählt hast. Nun denn, heiße beide hinausgehen, dann will ich mir deinen kranken Neffen ansehen. Ich liebe es nicht, vor Untergebenen die Geheimnisse meiner Heilkunst zu zeigen."

Nachdem ihre Anordnung befolgt worden war, trat sie an das Lager des Kranken.

„Er hat ein vornehmes Aussehen", bemerkte sie, sich über ihn beugend. In diesem Augenblick machte Leo eine Bewegung und wandte ihr sein Antlitz zu, das bisher im Schatten gewesen, sodass sie seine Züge nur undeutlich zu unterscheiden vermocht hatte. Jetzt aber – was war das? Wie von einem Schlage getroffen taumelte sie zurück und ihrem Munde entrang sich ein entsetzliches Stöhnen.

„Was hast du, Königin?", rief Frank besorgt. „Ist er tot?"

Sie aber fuhr plötzlich wie eine Tigerin auf ihn los.

„Elender!", zischte sie ihn an. „Warum hast du mir das verschwiegen?"

Und sie hob ihren Arm, als wollte sie ihn schlagen.

„Was ist denn?", stammelte der Bedrohte. „Was ist?"

„Ah", sagte Ischah, „vielleicht wusstest du es gar nicht! So höre denn, Holly, höre: Hier liegt – hier liegt mein verlorener Kallikrates! Kallikrates, der endlich, endlich zu mir zurückgekehrt ist, wie ich erwartet hatte…"

Und sie begann in einem Atem zu weinen und zu lachen, wie eben ein Weib tut, das vor übergroßer Gemütserschütterung alle Fassung verloren hat. Und immer wieder stammelte sie dabei: „Kallikrates! O mein Kallikrates!"

Unsinn, dachte Frank Holly bei sich selber, hütete sich aber, es laut zu sagen. Übrigens dachte er in diesem Moment nur an die Gefahr, in welcher das Leben seines Neffen schwebte. Der Ärmste konnte sterben, während Ischah sich ihrem Gefühlsausbruch hingab.

„Wenn du, o Königin, nicht imstande bist, ihm zu helfen", bemerkte er, um sie zu erinnern, „so fürchte ich, dein Kallikrates wird bald wieder von dir geschieden sein. Denn es hat den Anschein, als stürbe er soeben."

„Wahrhaftig!", schrie Ischah auf. „Oh, warum bin ich nicht früher gekommen! Jetzt bin ich so aufgeregt, dass meine Hand zittert. Da, nimm dieses Fläschchen, Holly", sie brachte aus ihrem Gürtel eine winzige Kristallphiole, „nimm es und flöße ihm die rötliche Medizin ein! Sie wird ihn retten, wenn er noch nicht tot ist. Aber schnell, schnell, bevor es zu spät ist!"

Frank Holly tat, wie ihm geheißen und die Wirkung war eine wunderbare: Plötzlich hob ein tiefer Atemzug die Brust des Kranken und gleichsam als habe er damit das bereits entfliehende Leben wieder in sich zurückgezogen, begannen seine bleichen Wangen sich wieder zu färben und die tiefe Ohnmacht ging unverkennbar in den ruhigen Schlummer der Genesung übler. Ein leichter Schimmer war über seinen Kopf zu sehen.

„Königin!", flüsterte Frank Holly, der trotzdem noch kaum zu hoffen wagte. „Täusche ich mich nicht? Ist er gerettet?"

„Jawohl, Holly", lautete die Antwort. „Er wird! leben! Doch um ein Haar, und es wäre zu spät gewesen!", und sie begann von neuem herzbrechend zu schluchzen.

„Verzeih mir, Holly", sagte sie dann, ihre Tränen trocknend. „Verzeih nur meine Schwäche! Aber du siehst, ich bin doch eben auch nur ein Weib! Und bedenke auch die Bedeutung dieses Wiederfindens! Nicht, wenn dir ein Alter von zehntausend Jahren beschieden wäre, könntest du nochmals Zeuge einer solchen Szene werden: Bedenke nur, endlich kommt mein Befreier, er, auf den ich von Menschenalter zu Menschenalter gehofft hatte, er kommt und ich, mit all meiner Weisheit, wusste nichts von ihm. Stundenlang, tagelang lag er todkrank in meiner allernächsten Nähe und ich fühlte es nicht. Und dann, wie ich ihn endlich sehe und erkenne, ist er mir beinahe wieder verloren, denn einmal in den Klauen des Todes, hätte ich nicht mehr vermocht, ihn ins Leben zurückzurufen. Und wäre er gestorben, so hatte ich die ganze Hölle der Sehnsucht und Erwartung noch einmal durchzuleiden gehabt – jahrtausendelang und nun, als du ihm die Medizin einflößtest, diese bangen Minuten der Entscheidung über Leben und Tod, ach, sie waren noch schlimmer als jene Jahrtausende! Das bedenke, Holly, und du wirst meine Erregung begreifen. Jetzt aber wird er mein wiedergefundener Kallikrates, zwölf Stunden schlafen, um nachher gesund und fieberfrei zu erwachen."

Ischah hielt inne und legte sanft ihre Hand auf das Haupt des Kranken. Dann beugte sie sich zu ihm nieder und küsste ihn mit dem Ausdruck größter Zärtlichkeit auf die Stirn. Es folgte eine Pause des Schweigens, bis plötzlich ein neuer Gedanke in Ischah auftauchte und die Züge ihres

Antlitzes sich verhärteten.

„Beinahe hätte ich dieses Weib vergessen", sagte sie, „diese Ustane! Was ist sie zu Kallikrates? Seine Dienerin oder…"

Sie hielt inne und ihre Stimme erzitterte. Frank Holly zuckte die Achseln.

„Es scheint", antwortete er, „sie ist verheiratet mit Leo nach dem Gebrauch der Amgabal."

Da verdüsterte sich das Gesicht der Königin wie, unter dem Schatten einer Gewitterwolke.

„Das muss zu Ende sein!", rief sie aus. „Sie muss sterben, noch in dieser Stunde!"

Frank Holly erschrak.

„Aber sie hat doch kein Verbrechen begangen", wagte er einzuwenden. „Sie liebte meinen Neffen und er ließ sich ihre Liebe gefallen. Was ist dabei Strafbares?"

„Was dabei Strafbares ist?", wiederholte Ischah trotzig. „Wie töricht du sprichst, Holly! Sie steht zwischen mir und meinem Erwählten, und ich sollte mich nicht beeilen, das Hindernis aus dem Wege zu räumen?"

„Aber Frank Holly gab nicht nach.

„Königin", sagte er, „hat dein Herz keine Gnade für die, deren Platz du einnehmen willst? Und wenn wirklich – was mir freilich unglaublich erscheint – dein Erwählter nach Jahrtausenden zu dir zurückgekehrt ist, willst du seine Wiederkehr mit einem Mord feiern?"

Diese kühne Rede verfehlte ihre Wirkung nicht.

„Es ist etwas Wahres in dem, was du da sagst", versetzte sie nachdenklich, um alsbald, wie nach einem plötzlichen Entschlusse, fortzufahren: „Es sei also! Ich will dieses Weib schonen. Habe ich dir nicht schon einmal gesagt, dass ich nicht grausam bin, nur aus Freude an der Grausamkeit? Ich liebe es nicht, leiden zu sehen oder gar Leiden zu verursachen. Und nun rufe sie herein, aber rasch, bevor ich mich anders besinne!"

Hocherfreut, einen solchen Erfolg erzielt zu haben, trat Frank Holly auf den Gang hinaus, wo Ustane in einiger Entfernung unbeweglich an der Wand lehnte. Auf seinen Ruf eilte sie sofort herbei.

„Ist mein Herr tot?", fragte sie erschreckt. „Oh, sage nicht, dass er tot ist!"

Frank Holly, der beim Schein der nächsten Lampe ihr verstörtes, tränenüberströmtes Gesicht sah, beeilte sich, sie zu beruhigen.

„Nein er lebt. Die Königin hat ihn gerettet. Und jetzt verlangt sie dich zu sprechen. Komm herein!"

3. Kapitel.
Ischah und Ustane.

Sofort nach ihrem Eintritt in das Krankengemach warf sich Ustane, nach dem Gebrauch der Amgabal, vor ihrer gefürchteten Herrscherin zu Boden, Aber Ischah wollte es diesmal anders.

„Steh auf", sagte sie mit kaltem Tone, „und komm hierher!"

Das Mädchen gehorchte und blieb gesenkten Hauptes vor ihr stehen. Es folgte eine Pause, bis endlich Ischah wieder das Wort nahm.

„Wer ist dieser Mann?", fragte sie, auf den schlafenden Leo deutend.

„Mein Gatte!", erwiderte Ustane prompt.

„Und wer hat ihn dir zum Gatten gegeben?"

„Ich selbst, o Königin, nahm ihn nach der Sitte unseres Landes."

„Daran hast du übel getan, Weib", kam es grollend aus Ischahs Munde. „Denn der Mann ist ein Fremder und so gilt für ihn nicht eure Sitte. Doch höre: Offenbar handeltest du aus Unwissenheit und deshalb will ich dich schonen; sonst hättest du sterben müssen. Und nun höre abermals: Geh jetzt von hinnen, kehre zu deinen Leuten zurück und wage es nicht, dich ihm nochmals zu nähern. Er ist nicht für dich. Und zum dritten Mal höre: Wenn du dieses mein Gebot übertrittst, so musst du auf der Stelle sterben. Jetzt geh!"

Aber Ustane rührte sich nicht.

„Geh, Weib!", wiederholte Ischah in drohendem Tone.

Da erhob Ustane ihr Haupt: „Nein, o Königin", sagte sie, „ich gehe nicht! Der Mann ist mein Gatte und ich liebe ihn. Ich liebe ihn und werde ihn nicht verlassen. Welches Recht hast du, mir zu befehlen, dass ich meinen Gatten verlassen soll?"

Da ging ein Erbeben durch Ischahs Körper, und Frank Holly, der es bemerkte, fürchtete das Schlimmste.

„Sei gnädig, o Königin!", bat es in lateinischer Sprache, um von Ustane nicht verstanden zu werden. „Bedenke, wie die menschliche Natur nun einmal ist."

„Ich bin gnädig", erwiderte jene kalt in derselben Sprache. „Wäre ich es nicht, so läge dieses Weib jetzt tot vor uns." – Hierauf an Ustane sich wendend, fuhr sie fort: „Ich sage dir Weib, geh jetzt, bevor ich dich vernichte auf der Stelle, wo du stehst!"

„Nein, ich gehe nicht!", beharrte Ustane leidenschaftlich. „Er ist mein, mein! Ich nahm ihn zum Gatten und ich rettete sein Leben. Vernichte mich wenn du die Macht dazu hast! Ich gebe dir meinen Gatten nicht. Niemals sollst du ihn bekommen!"

Da machte Ischah eine Bewegung, so rasch, dass Frank Holly ihr kaum zu folgen vermochte. Ihm schien, als habe sie das Mädchen mit der Yr-Runen-Geste der linken Hand leicht auf den Kopf geschlagen. Er warf einen Blick auf Ustane und – fuhr bestürzt zurück, denn siehe, auf ihrem Haar, mitten in dem dunklen Braun, schimmerte es drei Fingerbreit weiß wie Schnee! Ustane hatte wie geblendet ihre Hände vor das Gesicht erhoben.

„Um Gotteswillen rief", Frank Holly aus, ganz fassungslos über diese Kundgebung übermenschlicher Gewalt; aber Ischah lachte nur leise vor sich hin.

„Du hast gedacht, unwissende Närrin", sagte sie zu der Gezüchtigten, „ich vermöchte nicht, dich zu treffen. Siehe, da liegt ein Spiegel" – sie zeigte auf Leos Rasierspiegel, den Job mit anderen Sachen oben auf den Koffer gelegt hatte – „gib ihr ihn, Holly, damit sie mein Zeichen auf ihrem Haar sieht."

Holly gehorchte und hielt Ustane den Spiegel vor. Sie sah hinein, griff dann an ihr Haar, sah wieder in den Spiegel und sank im nächsten Augenblick schluchzend zu Boden.

„Nun, wirst du jetzt gehen oder soll ich dich ein zweites Mal schlagen?"; fragte Ischah höhnend. „Sieh, ich habe dir mein Siegel aufgedrückt, damit ich dich erkennen kann bis dein Haar ganz so weiß ist, wie dieses Zeichen. Und wenn ich dich hier wieder hier sehe, so sei versichert, dass deine Gebeine bald weißer schimmern sollen als diese Haarsträhne."

Völlig eingeschüchtert und gebrochen erhob sich das unselige Geschöpf und wankte gezeichnet mit diesem fürchterlichen Zeichen, hinaus.

„Sieh nicht so erschrocken drein, Holly", wandte sich Ischah jetzt an diesen. „Auch das, was du jetzt gesehen hast, war keine Zauberei, sondern nur ein natürlicher Vorgang durch das Schöpferwort, der dir allerdings unverständlich bleiben muss. Ich habe sie gezeichnet, um ihr Furcht einzujagen und sie nicht töten zu müssen. Und nun will ich den Dienern gebieten, dass sie meinen Kallikrates in ein Gemach bringen, das sich in meiner Nähe befindet, damit ich über ihn wachen kann und bereit bin, ihn zu begrüßen, wenn er erwacht. Und dorthin sollst auch du übersiedeln und dieser weiße Mann, dein Diener. Aber eines vergiss nicht, bei Gefahr meines schöpferischen wirkenden Zornes: Du darfst Kallikrates nichts sagen, was mit diesem Weibe geschehen ist, und auch über mich nur so wenig als möglich. Lass dich warnen!"

Mit diesen Worten glitt sie hinaus, um ihren Leuten die angekündigten Befehle zu erteilen.

4. Kapitel.
Die Geschichte von Kor.

Als Ischah bald darauf zurückkehrte, brachte sie mehrere ihrer taubstummen Mädchen mit, von denen die einen sich an dem Krankenbette zu schaffen machten, während zwei, welche brennende Lampen trugen, am Eingang dies Gemaches stehen blieben.

„Wenn du gleich mit mir kommen willst Holly", sagte die Königin, „so werde ich dir unterwegs einiges Interessante zeigen und erklären. Meinen Kallikrates können wir unbesorgt den Händen dieser Getreuen überlassen."

Frank Holly war gern bereit und folgte seiner hoheitsvollen Führerin in die große Halle, wo sie seine Aufmerksamkeit auf die Skulpturen und Inschriften an den Felswänden lenkte: „Sieh, Holly", sagte sie, „diese gewaltige Höhle! Hast du jemals etwas Ähnliches gesehen? Ich meine, eine Höhle von solcher Größe, die ganz von Menschenhand ausgehauen ist? Ein großes und wunderbares Volk müssen die Bewohner von Kor gewesen sein, aber gleich den Ägyptern sorgten sie mehr für die Toten als für die Lebenden, denn alle diese Grotten, Gemächer und Gänge sind nichts als eine einzige große Nekropole. – Wie viele Tausende von Menschen und wie viele Jahre meinst du wohl, waren nötig, um dies alles zu schaffen?"

„Mehr als zehntausend", riet Frank Holly.

„So ist es", bestätigte Ischah. „Dieses Volk existierte lange vor den Ägyptern. Ich kann diese Inschriften lesen, denn ich habe den Schlüssel dazu gefunden. Hier zum Beispiel" – sie winkte den Lampenträgerinnen, an die bezeichnete Stelle hinzuleuchten – „hast du eine der jüngsten."

Frank Holly erblickte das in den Felsen gemeißelte Bild eines Greises, der auf einem Stuhl saß und eine Art Zepter in der Hand hielt. Und unter dem Bilde befand sich eine Inschrift, die nach Ischahs fließender Übersetzung folgendermaßen lautete: „Im 4259 Jahre nach der Erbauung der Königsstadt Kor wurde diese Begräbnisstätte vollendet durch Tisno, den König von Kor, dessen Volk und Sklaven drei Menschenalter lang arbeiteten, um eine würdige Ruhestätte zu schaffen für die Vornehmen ihrer und der kommenden Zeit. Möge des Himmels Segen ruhen auf ihrem Werke, und den Schlaf Tisnos, dies mächtigen Königs, dessen Bild hier eingegraben ist, leicht machen bis zum Tage des Erwachens und desgleichen den Schlaf seiner Diener und derjenigen seines Geschlechtes und ihrer Diener, die nach ihm kommen werden."

„Du siehst, Holly", sagte die Königin, „die Stadt Kor wurde erbaut viertausend Jahre vor der Vollendung dieser Höhle, und doch, als meine Augen sie vor zweitausend Jahren zuerst erblickten, war sie bereits in demselben Zustande wie jetzt. Urteile danach, wie alt die Stadt gewesen sein muss. – Und nun folge mir weiter, denn ich will dir zeigen, auf welche Weise dieses mächtige Volk unterging, als die Zeit seines Unterganges gekommen war."

Diesmal führte sie ihn nach der Mitte der Höhle, wo ein runder Stein in den Boden eingelassen war, der anscheinend eine Öffnung verschloss, welche den Zugang zu noch tiefer gelegenen Räumen bilden mochte und von dort querüber zu einer Stelle der Felswand, die eine zweite hieroglyphische Inschrift aufwies, welche Ischah wie folgt übersetzte: „Ich, Junis, Priester des Großen Tempels von Kor, schreibe diese Worte an die Wand der Begräbnisstätte im 4803. Jahre nach der Erbauung von Kor. Das atlantische Kor ist gefallen! Nicht länger sollen Feste gefeiert werden in ihren Hallen, nicht länger soll sie die Welt beherrschen und ihre Flotten aussenden in ferne Länder. Kor ist gefallen! Ihre mächtigen Werke, die Häfen, die sie angelegt und die Kanäle, die sie gegraben, gehören fürder dem Wolf und der Eule und dem wilden Schwan, gehören den Barbaren, die ins Land kommen werden. Vor fünfundzwanzig Monaten zog eine Wolke herauf über Kor und aus der Wolke brach eine Pestilenz, welche dahinraffte das Volk alt und jung, und keinen verschonte. Alle wurden sie schwarz und starben hin – jung und alt, reich und arm, Mann und Weib, Fürst und Sklave. Die Pestilenz raffte sie alle dahin und wen sie verschonte, der kam vor Hunger um. Nicht länger war es möglich, die Leichname der Kinder von Kor nach dem alten Brauch einzubalsamieren, denn ihre Zahl war zu groß, und so warf man sie in den Abgrund unter dem Loch inmitten der großen Höhle. Aber ein Rest des großen Volkes, welches die Leuchte der Welt gewesen waren, entkam glücklich an die Küste; sie bestiegen ein Schiff und segelten gen Norden. Und nun bin ich, der Priester Junis, der dieses schreibt, der letzte Überlebende in der großen Stadt. Ich schreibe dieses in der Not meines Herzens, bevor ich sterbe, denn die königliche Stadt Kor ist gefallen, ihre Paläste sind leer und ihre Tempel verödet; ihre Fürsten, ihre Seefahrer, ihre Kaufleute, ihre schönen Frauen – alle sind ausgetilgt von dem Antlitz der Erde."

Nachdem Ischah geendet, legte sie ihrem Begleiter die Hand auf die

Schulter: „Wäre es nicht denkbar, Holly", fragte sie, „dass die Auswanderer von Kor, welche, wie der Priester schreibt, gen Norden segelten, die Stammväter der Ägypter geworden sind, und dort eine Kolonie gegründet haben?"

„Das könnte wohl sein."

„So komm nun weiter. Wir wollen jetzt dem Abgrund unter der großen Höhle, der in der Inschrift erwähnt ist, einen Besuch abstatten. Und dort wirst du etwas sehen, was in der Tat sehenswert ist."

5. Kapitel.
Bei den Toten.

Der Abstieg war ähnlich wie jener in die Kammer des Kallikrates, wo Holly die Königin gestern bei ihrem seltsamen Tun beobachtet hatte. Von einer Felsenspalte aus, in einem Seitengang der großen Höhle, führte eine schier endlose Stiege in die Tiefe, so schmal, dass eines hinter dem andern gehen musste: Dann folgte, mindestens sechzig Fuß unter dem Boden der Höhle ein niedriger Stollen, der durch zahlreiche Luftschächte ventiliert wurde, ohne dass jedoch zu erkennen gewesen wäre, wohin sie führten.

Plötzlich nahm der Stollen ein Ende. Ischah machte halt und gebot den sie begleitenden Dienerinnen durch ein Zeichen, die Lampen hoch empor zu halten. Bei ihrem flackernden Schimmer erkannte Holly, dass sie sich an der Schwelle einer zweiten ungeheuren Grotte befanden, die ungefähr die Größe der Londoner St. Pauls-Kathedrale haben mochte und nichts anderes war als ein gewaltiges Beinhaus. Denn sie war buchstäblich angefüllt mit vielen Tausenden menschlicher Skelette, die eine in der Dunkelheit des Raumes hellschimmernde Pyramide bildeten. Entstanden war die Pyramide jedenfalls auf ganz natürliche Weise, indem die durch eine Öffnung in der Decke nacheinander herabgestürzten Leichname sich von selber in solcher Art aufgehäuft hatten. So machte es zumindest der erste Eindruck, der noch dazu ein unheimlichen Schauer verbreitete.

Es bot einen grauenvollen Anblick, dieses hochragende Grabmal eines entschwundenen Volkes, zumal in der trockenen Luft der Grotte eine beträchtliche Anzahl der Leichname nicht verwest, sondern, mit der Haut noch auf den Knochen, einfach eingetrocknet und in den seltsamsten Stellungen und Lagen erhalten geblieben war. Diese nahmen sich auf dem weißlichen Knochenhaufen wie groteske Karikaturen der Menschheit aus, welche eine eigenartige Atmosphäre bildeten.

In seinem maßlosen Entsetzen vermochte Frank Holly einen lauten Aufschrei nicht zu unterdrücken – und horch!, diesem Aufschrei folgte ein langanhaltendes prasselndes Geräusch. Vermutlich infolge der Erschütterung der Luft hatte sich von der Spitze der Pyramide einer der Schädel losgelöst und war herabgerollt – hinter ihm drein ein zweiter und dritter – bis sich schließlich eine ganze Lawine von Skeletten und Gebeinen in Bewegung setzte, von denen einzelne den Eindringlingen bis vor die Füße rollten. Ein schauerlicher Gruß der Toten an die Lebenden. Frank Holly stiegen zurecht die Haare zu Berge.

„Komm, o Königin!", flüsterte er. „Ich habe genug gesehen. Nicht wahr, dies sind die Leichname der an der großen Pest Verstorbenen? Und die Öffnung in der Decke, durch welche sie herabgeworfen worden, entspricht der mit einem Stein verschlossenen Fußbodenöffnung in der Mitte der großen Höhle?"

„So ist es Holly", bestätigte Ischah. „Das Volk von Kor pflegte, wie die Ägypter, seine Toten einzubalsamieren, jedoch noch kunstvoller. Denn während die Ägypter aus den Leichnamen Eingeweide und Gehirn entfernten, spritzen ihnen die Magier von Kor einfach eine Flüssigkeit in die Adern, die alle Gewebe durchdrang und die Verwesung hintanhielt. Doch warte, du sollst das selbst sehen!"

Sie hatten bereits wieder den Stollen betreten, der zu der Treppe führte, und Ischah – deren Name eine Anspielung auf Isis ist – machte vor einem Seitengang halt, durch den sie, begleitet von den Fackelträgerinnen, eine kleine Felsenkammer betraten.

Hier lagen auf zwei aus Stein gehauenen, podiumähnlichen Erhöhungen menschliche Figuren, bedeckt mit vergilbten Linnen, auf welchem sich im Laufe der Zeiten eine feine Staubschicht angesammelt hatte, keineswegs aber so viel, als man hätte erwarten können, denn in diesem Höhlenlabyrinth gab es keine Stoffe, die geeignet wären, sich in Staub zu verwandeln. Ringsumher auf dem Boden standen bemalte Tongefäße und an den Wänden waren, wie überall, einige Skulpturen zu sehen.

„Hebe das Linnen auf, Holly", sagte Ischah, und da er, von der Feierlichkeit des Ortes und der Situation überwältigt war, zögerte, tat sie es selbst. Unter der Hülle kam noch ein feineres Linnen zum Vorschein, das sie gleichfalls lüftete, und nun, zum ersten Mal seit vielen Jahrtausenden, sah wieder ein menschliches Auge das Antlitz dieses Toten.

Es war eine Frau. Sie mochte, bei ihrem Ableben, dreißig bis fünfunddreißig Jahre alt gewesen zu sein und noch der Leichname ließ ihre einstige Schönheit erkennen: Regelmäßig geschnittene Züge, bogenförmige Augenbrauen und lange Wimpern; auf der elfenbeinfarbigen Haut der Wangen zeigte sich beim Schein der nähergehaltenen Fackeln noch eine Spur von Röte.

So lag sie da, ganz in Weiß gekleidet, das Antlitz von ihrem reichen, blauschwarzen Haar umrahmt, und schlief ihren tausendjährigen Schlaf. Und in ihren Armen das Köpfchen dicht an ihren Busen geschmiegt, ruhte ein kleines Kind.

Das war so rührend und dabei doch auch wieder so grauenvoll, dass Holly die Tränen nicht zurückzuhalten vermochte. Er fühlte sich um Jahrtausende zurückversetzt in ein glückliches Heim der jetzt verödeten königlichen Kor, wo die holdselige Frau, mit allen Reizen der Weiblichkeit geschmückt, gelebt hatte und gestorben war und sterbend ihr letztgeborenes Kind mit zu Grabe genommen hatte. Hier lagen sie nun beide, Mutter und Kind, die Zeugen fernentrückter Zeiten, die beredsamer zum Herzen sprachen, als irgendein geschriebener Bericht ihres Lebens es vermocht hätte.

Ehrfurchtsvoll breitete Frank Holly das Linnen wieder über die Toten und wandte sich dem auf dem anderen Podium ruhenden Leichnam zu. Es war der eines Mannes in vorgerückten Jahren mit einem langen, ergrauten Bart und gleichfalls ganz in Weiß gekleidet – vermutlich der Gatte und Vater, der seine Lieben um viele Jahre überlebt hatte, um zuletzt an ihrer Seite seine dauernde Ruhestätte zu finden.

Nach dem Verlassen dieser Grabkammer zeigte Ischah ihrem Begleiter noch einige andere. In jeder lagen einer oder mehrere Tote in dem gleichen wohlerhaltenen Zustande, denn der beträchtliche Zeitraum zwischen der Vollendung des Höhlenlabyrinths und der Vernichtung des Volkes von Kor hatte vollkommen ausgereicht, diese Katakomben zu füllen. Und so meisterhaft war die Kunst der Konservierung, dass die sämtlichen Leichname noch genau so aussahen, wie am Tage ihrer Bestattung. Die aromatischen Spezereien, mit denen sie imprägniert worden waren, schienen für ewige Zeiten tu wirken, und dazu kam noch, dass hier im Innern der Erde ihre Wirksamkeit weder durch Hitze noch Kälte oder sonstige schädigende Einflüsse beeinträchtigt wurde.

Eine besondere Sehenswürdigkeit enthielt die letzte Grabkammer, in welche Holly von der Königin geleitet wurde. Hier lagen zwei Tote auf einem gemeinsamen Ruhelager. Frank Holly entfernte das Leintuch und erblickte Brust an Brust gedrängt, einen jungen Mann und ein blühendes Mädchen. Ihr Haupt ruhte auf seinem Arm und seine Lippen waren gegen ihre Stirn gepresst.

Frank Holly öffnete das Gewand des Mannes und siehe, dicht über seinem Herzen zeigte sich eine Wunde wie von einem Dolchstoß, und eine ganz gleiche Wunde klaffte zwischen den Brüsten des Mädchen. An der Felswand aber, über dem Ruhelager, war eine Inschrift angebracht, die nur drei Worte umfasste: „Im Tode vermählt", übersetzte sie Ischah.

Welche Geschichte mochte mit dem Schicksal dieser beiden verknüpft sein, die im Leben so schön gewesen und die nicht einmal der Tod hatte auseinanderzureißen vermocht:

Frank Holly schloss unwillkürlich die Augen und sofort begann seine geschäftige Phantasie ihm alle Einzelheiten des blutigen Dramas vorzugaukeln, so dass er für Augenblicke meinen konnte, über die Vergangenheit zu triumphieren und mit seinem geistigen Auge das Mysterium der Zeit durchdrungen zu haben. Ihm war, als sähe er das holde Mädchen mit lang herabwallendem dunklen Haar, ganz in schimmernde weiße Gewänder gekleidet und mit goldenem Schmuck angetan. Ihm war, als sähe er hellsichtig die große Höhle voll von Kriegern, bärtig und gepanzert, und auf der Erhöhung, von der aus Ischah heute ihr Urteil gesprochen hatte, stand ein Mann, mit den Insignien der priesterlichen Würde bekleidet, und vom Hintergrund der Höhle her nahte purpurgeschmückt ein anderer, geleitet von einem Chor von Jungfrauen und Jünglingen, die einen Hochzeits-Hymnus sangen. Die weißgekleidete Frau aber lehnte am Altare, schöner als die schönsten unter den anwesenden Mädchen, reiner als eine Lilie, jedoch auch kälter als der Tau, der im Kelche der Blume erglänzt. Als der Bräutigam sich ihr nahte, erschauerte sie. Und dann plötzlich drängte sich ein Jüngling durch die Menge, sprang auf das Mädchen zu, umschlang sie mit seinen Armen und küsste ihr bleiches Antlitz, das nun mit einem Male in Glut stand, wie die Abendröte am Himmel. Was nun folgte, war Lärm und Aufruhr und das Aufblitzen gezückter Schwerter. Man riss den Jüngling von dem Mädchen und stach auf ihn ein. Aber mit einem Aufschrei zog sie den Dolch von seinem Gürtel und stieß ihn sich selbst in die Brust bis ins Herz. Sie sank zu Boden und Geschrei und Wehklagen erfüllte die Höhle. Doch in demselben Moment schwand das ganze Bild vor Frank Hollys Auge hinweg. Die Vision hatte nur den Bruchteil einer Sekunde gedauert und jetzt vernahm er wieder Ischahs Stimme, die ihn anredete: „Das ist das Schicksal des Menschen", sagte sie, während sie das Linnen wieder über das tote Liebespaar breitete. „Dem Grab und der Vergessenheit, der Hüterin der Gräber, der Göttin Hel, müssen wir alle einmal anheimfallen, alle, mit wenig Ausnahmen. Auch ich, Holly, die noch so lange durch die kosmischen Planetenkräfte lebe, vielleicht noch manche Jahrtausende. Aber der Tod ist nur ein langer Schlaf in des Lebens Nacht, und am Morgen werden wir wiedergeboren, bis, abermals die Nacht hereinbricht. – Und nun, mein fremder Gast, hast du genug gesehen oder soll ich dir noch mehr zeigen von den Wundern dieser Gräber, welche mir als Gemächer meines Palastes dienen? Soll ich dich zum Sarkophag des Tisno führen, des mächtigsten Königs von Kor, und die Schatten der Vergangenheit aufrufen, die seiner in den Felsen gemeißelten Eitelkeit spotten?"

„Ich habe wahrlich genug gesehen, o Königin", erwiderte Frank. „Mein Herz ist überwältigt von der mächtigen Gegenwart des Todes. Der sterbliche Mensch ist schwach und wird leicht entmutigt durch den Ausblick auf das gemeinsame Schicksal. – Führe mich fort von hier, o Königin!

6. Kapitel.
Leo erwacht.

Diese Nacht verbrachte Frank Holly in Leos Schlafkammer. Leo schlief die ganze Nacht hindurch wie ein Toter, ohne sich auch nur einmal zu rühren. Auch Holly schlief, aber sein Schlaf war von wilden Träumen gestört. Zuerst war es wieder die Szene, wie Ischah ihrer Rivalin das Malzeichen ihrer Finger aufs Haupt drückte, die er im Traum aufs Neue durchlebte, aufs Neue sah er das weinende Mädchen vor sich, wie es, beraubt und fürs Leben gebrandmarkt nach einem letzten verzweifelten Blick auf den Geliebten sich aus der Nähe der gefürchteten Königin fortschlich. Ein anderer Traum knüpfte an die Pyramide von Gebeinen an. Ihm war, als stünden alle diese Toten auf und zögen vor ihm einher in Scharen und Legionen, während das Sonnenlicht durch ihre hohlen Rippen schien. Sie zogen einher über die Ebene von Kor. ihrer königlichen Heimstätte. Vor ihnen fielen die Zugbrücken und ihre Gebeine drängten sich klappernd durch die ehernen Tore. Sie füllten die Straßen und Plätze, aber niemand kam, sie zu begrüßen, keines Weibes Antlitz erschien in den Fenstern – nur eine körperlose Stimme erscholl vor ihnen her: „Gefallen ist die königliche Kor! Gefallen! Gefallen!" Mitten durch die Stadt zogen diese schimmernden Phalanxen (Schlachtreihen) und das schauerliche Rasseln ihrer Knochen erfüllte die stille Luft. Endlich kehrten sie zu ihrem Grabe zurück, in die große Höhle, wo sie sich einer nach dem andern durch die Öffnung in dem Felsboden hinabstürzten.

Als Frank Holly ganz in Schweiß gebadet erwachte, erblickte er gerade noch Ischah, die offenbar an Leos Lager gestanden hatte und jetzt, lautlos wie ein Schatten, die Schlafkammer verließ. Hierauf entschlummerte er aufs Neue, und diesmal schlief er ungestört bis zum Morgen. Nun war die Stunde nicht mehr fern, da Leo nach Ischas Voraussage, erwachen musste, und wirklich fand sich auch alsbald die Königin wieder ein, wie gewöhnlich tief verschleiert.

„Nun sollst du sehen, Holly", sagte sie, „dass mein Geliebter nach dem Erwachen bei vollkommen klarem Bewusstsein ist und das Fieber verschwunden sein wird."

Diese Worte waren kaum ausgesprochen, als Leo auf seinem Lager sich umdrehte und die Arme ausstreckte, gähnte, die Augen aufschlug, und als er eine weibliche Gestalt gewahrte, die sich über ihn beugte, sie umarmte und küsste, weil er sie offenbar für Ustane hielt. Das ging auch aus seinen ersten Worten hervor.

„Holla, Ustane", sagte er auf arabisch, „warum hast du deinen Kopf verbunden? Hast du Zahnschmerzen?" – Und dann auf englisch: „Ich habe schrecklichen Hunger! Job, altes Haus, wo sind wir da hingeraten?"

„Das möchte ich auch gerne wissen, Mr. Leo", antwortete Job mit einem ängstlichen Seitenblick auf Ischah, von der er noch immer nicht überzeugt war, dass sie etwas anderes sei als ein lebender Leichnam. „Aber", fuhr er fort, „sie dürfen jetzt nicht sprechen, Mr. Leo. Sie sind sehr krank gewesen und wir hatten schwere Sorge um sie. Und wenn diese Dame" – er schaute auf Ischah – „so freundlich sein wollte, ein wenig beiseite zu, treten, so würde ich Ihnen jetzt Ihr Frühstück bringen."

Diese Worte lenkten Leos Aufmerksamkeit auf die Dame, die schweigend dastand.

„Holla", sagte er, „das ist nicht Ustane. Wo ist Ustane?"

Und nun sprach Ischah zum ersten Male zu ihm, und ihre ersten Worte waren – eine Lüge.

„Ustane ist fortgegangen, um einen Besuch zu machen", sagte sie. „An ihrer Stelle bin ich jetzt hier als deine Dienerin."

Ischahs Silberstimme verfehlte ihren Eindruck auf Leo nicht, doch ihre weiße Verhüllung schien ihn zu befremden. Immerhin – er sagte kein Wort, sondern trank hastig den Napf mit Fleischbrühe aus, den ihm Job brachte, und dann kehrte er sich wieder der Wand zu, um bis zum Abend weiterzuschlafen. Als er dann zum zweiten Male erwachte, begann er seinen Oheim, der sich das erste Mal im Hintergrund gehalten hatte, auszufragen, aber dieser vertröstete ihn auf morgen. Das dritte Erwachen war das eines völlig Genesenen. Jetzt konnte Onkel Frank nicht mehr umhin, ihm einiges von dem zu erzählen, was sich während seiner Krankheit zugetragen hatte, aber da Ischah zugegen war, hielt er sich sehr zurück. Er teilte ihm nur mit, dass sie die Königin des Landes und ihnen, den fremden Reisenden, sehr wohlgesinnt sei, und dass es ihre Eigenheit sei, immer tief verschleiert zu gehen. Denn obwohl er englisch sprach, hegte er doch die Befürchtung, von ihr verstanden zu werden, wenigstens zum Teil nach dem Gesichtsausdruck.

Am folgenden Tage konnte Leo bereits das Lager verlassen. Seine Fragen nach Ustane wurden jetzt immer dringlicher. Es war klar, dass er das Mädchen sehr lieb gewonnen hatte, aber eingedenk einer nachdrücklichen Warnung, die Frank Holly von Ischah zuteil geworden war, wagte dieser nicht, seinem Neffen die volle Wahrheit zu offenbaren.

Wenn nun Frank Holly angenommen hatte, Ischah werde alsbald Leo in ihr Geheimnis einweihen und sich ihm, als seine Geliebte von einem früheren Leben hier zu erkennen geben, so wurde er enttäuscht. Sie tat nichts dergleichen. Sie begnügte sich, die angenommene Rolle der Dienerin weiterzuspielen, mit einer Demut, die zu ihrem sonstigen gebieterischen Auftreten in seltsamem Widerspruch stand. Sie bemühte sich ihm alle Wünsche von den Augen abzulesen, und wenn sie ihn anredete, so schlug sie einen geradezu respektvollen Ton an. Im Übrigen war sie bemüht, möglichst in seiner Nähe zu bleiben.

All dies musste begreiflicherweise die Neugier des jungen Mannes reizen, endlich auch ihr Antlitz zu sehen, zumal Onkel Frank ihm verraten hatte, dass ihm diese Gunst bereits zuteil geworden und dass ihre magische Schönheit eine geradezu wunderbare sei. Aus einigen Fragen und Bemerkungen Leos war sogar bereits eine Ahnung herauszuhören, die allmählich in ihm aufdämmerte und ihn geneigt machte, die rätselhafte Verhüllte irgendwie mit der Frau in Zusammenhang zu bringen, von welcher in dem Bericht der Amenartas die Rede war.

Am dritten Morgen nach Leos Genesung, bald nach dem Frühstück, wurden er und Onkel Frank durch eine von Ischahs stummen Dienerinnen abgeholt und in die königlichen Gemächer, welche dicht neben ihrer jetzigen Behausung lagen, geleitet.

Ischah empfing sie in ihrem Kabinett. Bei ihrem Eintritt erhob sie sich von ihrem Ruhebett und kam ihnen entgegen, um sie oder vielmehr Leo – denn Onkel Frank fand diesmal weniger Beachtung – aufs Herzlichste zu begrüßen: „Sei mir willkommen, mein junger fremder Herr!", sagte sie mit ihrer sanftester Stimme. „Ich bin so froh, dich wieder wohlauf zu sehen. Glaube mir, hätte ich dich nicht noch im letzten Augenblick gerettet, nie wieder hättest du auf diesen deinen Füßen gestanden. Doch die Gefahr ist nun glücklich vorüber und es soll meine Sorge sein, dass sie niemals wiederkehrt."

Leo machte ihr eine tiefe Verbeugung und dankte ihr in seinem besten Arabisch für all ihre Güte und die viele Mühe, die sie sich mit ihm, dem Fremden und Unbekannten, gegeben hatte. Sie aber wehrte sanft ab. „Nein, nein!", sagte sie, „du hast mir nicht zu danken. Es wäre schade gewesen um einen Mann wie du. Schönheit ist so selten in dieser Welt. Und ich bin so glücklich, dich bei mir zu haben."

„Bei Gott", sagte Leo beiseite zu seinem Oheim auf englisch, „die Lady ist sehr höflich. Und was für schöne Arme sie hat!"

Onkel Frank gab ihm einen wohlgemeinten Rippenstoß, aber Ischah fuhr unbeirrt fort: „Ich hoffe, meine Diener haben es dir gegenüber an Sorgfalt nicht fehlen lassen. Was irgend dieser ärmliche Ort an Bequemlichkeit bieten kann, steht zu deiner Verfügung. Sage mir nur, ob ich noch etwas für dich tun könnte."

„Jawohl", versetzte Leo ohne Zögern. „Du könntest mir sagen, o Königin, wo die junge Frau hingegangen ist, die ich bei mir gehabt hatte."

„Ah", erwiderte Ischah, „jenes Mädchen, ja, die habe ich gesehen. Aber ich weiß nicht, was aus ihr geworden ist. Vielleicht kehrt sie zurück, vielleicht auch nicht. Es ist so anstrengend, einen Kranken zu pflegen, und die halbwilden Weiber haben wenig Geduld und Ausdauer."

Diese Auskunft befriedigte Leo nicht. „Sonderbar", murmelte er vor sich hin, und dann wandte er sich wiederum an die Königin: „Ich begreife das nicht", sagte er, „denn die junge Frau und ich – kurz und gut, wir liebten einander."

Da lachte Ischah wiederum hell und silbern auf und beeilte sich, dem Gespräch eine andere Wendung zu gehen.

7. Kapitel.
Wieder eine Festlichkeit.

Am Abend desselben Tages fand auf dem Plateau vor der großen Höhle eine Art zeremonielle uralte Volksbelustigung statt für Ischah. Leo und seinen Oheim waren drei Sitze hergerichtet, auf denen sie sich niederließen, um den Beginn des Tanzes abzuwarten, welcher die Festlichkeit einleiten sollte. Noch waren aber keine Tänzer versammelt, obwohl bereits die Nacht hereinbrach und die Dunkelheit, da der Mond erst später aufging, rasch zunahm.

„Wir werden trotzdem sehr gut sehen", sagte Ischah zu Leo, und sie behielt recht. Kaum hatte sie nämlich diese Worte ausgesprochen, als plötzlich von allen Seiten her dunkle Gestalten auftauchten, von denen jede etwas mit sich trug, das wie eine große brennende Fackel aussah. Meterlange Flammen stiegen von diesen vermeintlichen Fackeln empor, deren Licht den Platz fast taghell erleuchtete. Es waren etwa ein halbes Hundert an der Zahl und als die Träger näherkamen, erkannte man, was es eigentlich war.

„Um Gotteswillen!", schrie Leo auf, „das sind ja brennende Leichname!"

Er hatte ganz recht gesehen. Die Amagabal trugen ihre grausigen Fackeln auf einen Punkt inmitten des freien Platzes zusammen, wo sie sie auf einen Haufen warfen, von welchem die Flammen nun haushoch aufloderten. Aber das war noch nicht alles.

Einer der Amgabal bückte sich und hob einen brennenden Arm auf, der von dem mumifizierten Körper abgefallen war und entfernte sich damit. Als er weit draußen in der Finsternis halt machte, sah man plötzlich dort gleichfalls eine grelle Flamme emporzucken, die zugleich den Körper beleuchtete: Die Mumie einer Frau, die an einen Pfahl gebunden war und deren Haar der Fackelträger in Brand gesetzt hatte. Von dieser ging er ein paar Schritte weiter, wo eine zweite Mumie an einen Pfahl gebunden stand, die er gleichfalls anzündete, von dieser zu einer dritten, und so fort bis der ganze Platz von einem geschlossenen Kreis dieser seltsamen Leuchtfeuer umgeben war.

Die drei Fremden waren bei diesem Anblick erschrocken von ihren Sitzen aufgesprungen. Ihnen war, als müssten jeden Augenblick die Geister, die einst in diesen brennenden Körpern eingeschlossen gewesen waren, aus dem Dunkel der Nacht hervorkommen, um für solche Entweihung ihrer irdischen Hülle Rache zu nehmen.

„Ich versprach dir ein seltsames Schauspiel, Holly", sagte Ischah, deren Nerven allein ruhig geblieben waren; „und wie du siehst, habe ich Wort gehalten. Es ist. ein seltsames Schauspiel, und lehrreich obendrein. Der Mensch soll nicht auf die Zukunft bauen, denn wer weiß, was sie bringen mag! Also lebe für den Tag. und mühe dich nicht, dem Staub zu entgehen, der jedes Menschen Ende. ist. Was glaubst du würden diese längst vergessenen vornehmen Männer und Frauen gefühlt haben, hätten sie vorausgewusst, dass sie dereinst einer Horde von Wilden zum Tanz leuchten oder den Kochtopf wärmen müssten? Doch sieh, da kommen die Tänzer. Eine übermütige Gesellschaft, nicht wahr? Die Bühne ist erleuchtet, nun wollen wir das Schauspiel genießen!"

In zwei Reihen, die Männer auf der einen, die Weiber auf der anderen Seite, betraten die Amgabal den schauerlichen Tanzplatz. Den Tanz selbst zu beschreiben, ist gar mehr so einfach, zumal es in der Tat mehr ein Schauspiel war, als ein Tanz. Die Teilnehmer warfen die Beine hoch empor, näherten sich einander und entfernten sich wieder, hüpften blunt durcheinander und führten die wunderlichsten Szenen auf.

Der Gegenstand der Darstellung war wie es bei einem so düsteren Volke, das in Gräbern hauste, unmöglich anders sein konnte, gleichfalls ein düsterer. Frank Holly, der kein Auge davon verwandte, erkannte, dass Mord und Totschlag in dem schauerlichen Drama sehr wahrheitsgetreu gemimt wurde; hierauf folgte das Lebendigbegraben des Mörders und dessen Entkommen. Das alles ging im tiefsten Schweigen vor sich, und nach jedem Akt begann ein wahnwitziger Tanz, um das auf dem Boden liegende Opfer. Plötzlich aber erlitt das Spiel eine Unterbrechung. Die größte und stärkste von den Weibern, die sich beim Tanz vor allen anderen hervorgetan hatte, kam trunken vor Erregung auf die Zuschauer losgestürzt und schrie mit gellender Stimme: „Ich will einen schwarzen Bock! Ich muss einen schwarzen Bock haben! Bringt mir einen schwarzen Bock!"

Dann fiel sie nieder auf den steinigen Grund, schäumend und um sich schlagen, und fuhr fort, immer wieder nach einem schwarzen Bock zu rufen. Sofort versammelten sich die meisten Tänzer um sie her, einige aber blieben im Hintergrund und ließen sich in ihren Sprüngen und Gliederverrenkungen nicht stören.

„Ein Geist ist über sie geklommen!", hieß es in der Runde. „Eilt und schafft einen schwarzen Bock hierbei. Sei still, Geist! Gleich sollst du den schwarzen Bock bekommen! Man ist schon gegangen, ihn zu holen."

„Ich will einen schwarzen Bock! Ich muss einen schwarzen Bock haben!", schrie das Weib unablässig weiter, während sie sich am Boden wälzte.

„Jawohl, sofort Geist! Gleich wird der Bock zur Stelle sein! Sei nur still, Geist! Sei nur still!"

Und so ging es fort, bis der Bock, den man aus einer benachbarten Viehherde geholt hatte, endlich da war. Er meckerte laut, während man ihn an den Hörnern herbeizog.

„Ist es ein schwarzer Bock?", schrie die Besessene. „Ist es auch wirklich ein schwarzer?"

„Ja, ja, Geist!", antwortete der Mann, der ihn hielt. „Er ist schwarz! Ganz schwarz wie die Nacht ist er!" – Hierauf leise zu einem der Umstehenden: „Stell dich ein bisschen davor, damit der Geist nicht sieht, dass er einen weißen Fleck auf dem Rücken hat, und einen zweiten am Bauche! So!" – Laut: „Sofort, o Geist, wird er geschlachtet! Da hab ich schon das Messer! Her mit dem Napf für das Blut!"

„Der Bock! Der Bock! Der Bock!", begann das Weib aufs Neue zu schreien. „Gebt mir das Blut von meinem schwarzen Bock! Ich muss es haben! Oh, oh, gebt mir das Blut von dem Bock!"

In diesem Augenblick verkündete ein letzter blökender Schrei, dass das arme Tier hatte dran glauben müssen, und eine Minute später hielt die Besessene die Schale mit dem dampfenden Blut in den Händen. Sie lehrte sie in gierigen Zügen und war sofort beruhigt. Ganz ruhig erhob sie sich, lächelte, streckte die Arme aus und ging festen Schrittes zurück auf den Tanzplatz. Dort stellten sich die Tänzer jetzt wieder in zwei Reihen auf, die Männer auf der einen, die Weiber auf der anderen Seite, gemäß ihrer Polarität, und zogen von dannen den weiten Platz innerhalb des Kreises der Mumienfackeln leer zurücklassend. Aber damit war das Schauspiel noch nicht zu Ende. Just als Frank Holly eine diesbezügliche Frage an Ischah richten wollte, tauchte eine seltsame Gestalt aus dem Dunkel, die er zunächst für einen Affen hielt, und begann, rund um das Mittelfeuer zu hüpfen. Ihr auf dem Fuße folgte ein Löwe, oder vielmehr ein Mensch, in eine Löwenhaut gehüllt. Immer mehr kamen dann in Stierhäuten, in Ziegenfellen, zuletzt sogar ein Mädchen, das in das glänzende Schuppenkleid einer Riesenschlange eingenäht war, und diese Hülle viele Meter lang hinter sich auf dem Boden herschleifte. Als endlich die ganze Menagerie aus wilden und zahmen Tieren versammelt war, begannen sie einen schauerlichen Rundtanz, eine rituellen Reigentanz, wobei sie die Stimmen der betreffenden Tiere nachahmten, so dass die Luft erfüllt war mit Brüllen, Brummen, Blöken, Meckern und Zischen. Dieser Tanz dauerte sehr lange, so dass unsere drei Freunde es endlich müde wurden, ihm zuzusehen.

Frank Holly fragte die Königin, ob es ihm und Leo gestattet sei, sich für eine Weile zu entfernen, um sich die brennenden Mumien aus der Nähe zu betrachten und Ischah hatte nichts dagegen. So erhoben sich die beiden und gingen fort. Sie machten die Runde bei den menschlichen Fackeln und waren nachdem sie ihre Neugier befriedigt hatten, eben im Begriff, auf ihre Plätze zurückzukehren als einer der Tänzer plötzlich ihre Aufmerksamkeit erregte. Es war ein besonders lebhafter Leopard, der sich von seinen Genossen abgesondert hatte und an Frank Holly und seinem Neffen vorbeischlich, sichtlich bestrebt, eine Stelle aufzusuchen, wo es recht dunkel war. Die beiden folgten ihm neugierig, und waren nicht wenig erstaunt, als das Tier sich plötzlich aufrichtete.

„Leo", flüsterte es, „komm! Komm näher!" Es war Ustane, deren Stimme Leo sofort erkannte. Er zögerte nicht, ihrer Aufforderung nachzukommen, während Onkel Frank voll Verständnis für die Situation, zurückblieb.

„Oh, mein Herr!", fuhr das Mädchen fort sich dicht an ihn drängend, nachdem sie das Leopardenfell abgestreift hatte. „Welches Glück, dass ich dich gefunden habe! Höre: Mir droht Gefahr des Lebens von der Verhüllten. Gewiss hat dein Oheim dir erzählt, wie sie mich von deinem Lager forttrieb. Aber, mein Herr, ich habe dich lieber als mein Leben und du gehörst mir nach der Sitte dieses Landes. Willst du mich nun verstoßen?"

„Ich denke gar nicht daran!", versetzte der junge Mann. „Ich habe mich gewundert, dich nicht mehr zu sehen. Komm, gehen wir zur Königin, um ihr die Sache zu erklären!"

„Nein, o nein! Sie würde uns vernichten! Du kennst nicht ihre Macht. Doch dein Oheim kennt sie, denn er war Zeuge. Nein, Geliebter, für uns gibt es nur einen Weg. Wenn du zu mir halten willst, so musst du mit mir fliehen, durch die Sümpfe, und zwar sofort. Auf diese Weise vielleicht können wir uns retten."

Um Himmelswillen Leo", mischte sich hier Onkel Frank ein, der inzwischen nähergetreten war und den letzten Teil des Gespräches mit angehört hatte, „bedenke…"

Aber Ustane unterbrach ihn.

„Höre nicht, Geliebter, auf das, was er sagt. Schnell – schnell, komm mit mir, denn der Tod ist in der Luft, die wir atmen. Vielleicht jetzt sogar hört sie uns mit ihrem astralen Ohr, und wenn wir uns nicht beeilen…"

Onkel Frank, der Leos Nachgiebigkeit sah, wollte eben ein zweites Mal dazwischen treten, als er plötzlich – o Schrecken! – dicht hinter sich ein leises, silbernes. Lachen hörte. Er fuhr herum und da stand sie, Ischah, und an ihrer Seite der alte Billali und zwei von den stummen Sklaven.

Auch Ustane hatte sie jetzt erblickt. Sie löste die Arme, die sie zärtlich um

Leos Nacken geschlungen hatte und bedeckte ihre Augen mit den Händen. Nur Leo, der das Furchtbare der Situation nicht ganz zu ermessen vermochte, blieb verhältnismäßig ruhig.

Es folgte eine Minute peinlichsten Schweigens, dann wandte Ischah sich an Leo: „Wahrlich, mein Herr und mein Gast", begann sie in ihren sanftesten Tönen, aus welchen es dennoch durch die Macht der Runen wie harter Stahl klang, „das war ein herrlicher Anblick: Leopard und Löwe so traulich beisammen."

„Ach, lasst mich in Ruhe!", brummte Leo verdrießlich auf englisch.

„Und du, Ustane", fuhr die Königin fort, „dich hätte ich vielleicht übersehen, wenn nicht zufällig das Licht auf den weißen Fleck an deinem Haar gefallen wäre." – Sie deutete auf die blinkende Mondsichel, die soeben über dem Horizont erschien. – „Nun gut, der Tanz ist aus ... sieh, die Fackeln sind niedergebrannt und alles endet in Asche und Schweigen. Da hieltest du es wohl für die geeignete Zeit zur Liebe, Ustane, meine Sklavin, während ich, ahnungslos, dass man es wagen könnte, mir ungehorsam zu sein, dich längst weit weg glaubte."

Ustane wand sich unter diesen Worten wie unter schmerzenden Peitschenhieben, denn diese Worte taten wahrlich weh.

„Lass ab von mir", flehte sie. „Spiele nicht mit mir! Lieber mach ein Ende und töte mich auf der Stelle."

„Warum nicht gar? Es ist nicht angenehm, von den heißen Lippen der Liebe so rasch in den kalten Rachen des Grabes zu gehen…"

Bei diesen Worten gab sie den Stummen ein Zeichen, die sofort herzutraten und das junge Weib an beiden Armen packten. Aber da sprang auch schon Leo auf den Nächsten los, und schmetterte ihn mit einem Faustschlag zu Boden. Hierauf machte er Miene, sich über den Daliegenden zu werfen, um ihn zu erwürgen.

Abermals lachte Ischah.

„Das war ein guter Hieb, mein Gast", sagte sie freundlich. „Ein sehr guter Hieb für einen Mann, der erst unlängst todkrank gewesen ist. Doch nun bitte ich dich, lass den Mann leben. Er wird dem Mädchen nichts tun. Kommt alle mit! Die Nach fängt an kalt zu werden und wir wollen uns in meine Gemächer begeben. Sei versichert, dass sie, die deiner Gunst sich erfreut, auch der meinen teilhaftig werden wird."

Onkel Frank beeilte sich, seinen Neffen, der nur widerstrebend gehorchte, am Arm zu fassen und von seinem Opfer fortzuziehen. Die ganze Gesellschaft schritt nun quer über das kahle Plateau, wo nur mehr

Häufchen weißer menschlicher Asche umherlagen, denn die Tänzer hatten sich bereits alle zurückgezogen.

8. Kapitel.
Triumph der Leidenschaft.

Etwas später befanden sich alle in Ischahs Boudoir. Ischah nahm auf ihrem Lager Platz und nachdem sie Billali und Job fortgeschickt hatte, gebot sie durch Zeichen auch ihren Stummen, die Lampen niederzustellen und sich zurückzuziehen. Nur eines von den Mädchen, ihre Lieblingssklavin, durfte bleiben.

„Und nun, Holly", begann Ischah das Verhör, „wie kam es, dass du, dem mein Wort bekannt war, welches dieser Übeltäterin gebot, von hinnen zu gehen – du, auf dessen Fürsprache hin ich ihr Leben schonte – wie kam es, frage ich, dass du bei diesem nächtlichen Stelldichein mit dabei warst Antworte, und wenn dir dein Leben lieb ist, so sprich ja die volle Wahrheit, denn ich bin nicht gesonnen, über diese Sache mich ungestraft belügen zu lassen!"

„Es geschah durch bloßen Zufall, o Königin", verteidigte sich Onkel Frank. „Ich hatte keine Ahnung, dass wir sie treffen würden."

„Ich will es dir glauben, Holly", erwiderte Ischah kühl, „und es ist gut für dich, dass ich dir glaube. So kommt nun die ganze Schuld über sie."

„Ich finde keine Schuld dabei!" fiel hier Leo ein. „Sie ist keines anderen Mannes Weib, und wie es scheint, hat sie mich geheiratet nach der Sitte dieses grässlichen Landes. Also, was ist dabei zu tadeln? Immerhin, Königin", fuhr er fort, „wenn sie irgendeine Schuld trägt, so bin ich mitschuldig und verdiene, mit ihr bestraft tu werden. Aber das sage ich dir gleich, Königin" – man hörte es seiner Stimme an, wie ihn der Zorn übermannte – „wenn du noch einmal einem deiner taubstummen Schurken befiehlst, sie auch nur mit einem Finger zu berühren, so reiße ich ihn in Stücke!"

Und er sah ganz danach aus, als ob es ihm Ernst wäre. Diesmal lachte Ischah nicht. Sie hörte seine Worte in eisigem Schweigen an und erst nach einer längeren Pause wandte sie sich an Ustane: „Und was hast du zu sagen, Weib? – Du kläglicher Strohhalm, du armseliges Federstäubchen, das es wagte, gegen den Sturm meines Willens anzufliegen! Sprich, warum hast du das getan?"

Und nun zeigte es sich, wie viel Mut selbst ein schwaches Weib aufzubringen vermag, wenn es seine Liebe verteidigen muss. Obwohl die Unglückliche genau wusste, was ihr bevorstand, richtete sie sich dennoch hoch auf und schleuderte der schrecklichen Königin ihre Verachtung ins Gesicht: „Ich tat es, o du Verhüllte, weil meine Liebe stärker ist als die Furcht vor dem Tode! Ich tat es, weil für mich das Leben ohne diesen Mann, dem mein ganzes Herz gehört, schlimmer wäre als der Tod! Deshalb wagte ich mein Leben, und nun, da ich sehe, dass es deiner eifersüchtigen Wut verfallen ist, bin ich erst recht froh, dass ich es wagte; denn wisse er hat mich doch noch einmal Umarmt und mir gesagt, dass er meine Liebe erwidere!"

Bei diesen Worten fuhr Ischah von ihrem Lager auf, ließ sich aber gleich wieder in die Kissen zurücksinken.

„Siehe", fuhr Ustane mit erhobener Stimme fort, „ich verstehe mich nicht auf schöpferischer Magie, ich bin keine Königin und habe kein tausendjähriges Leben. Aber eines Weibes Herz, schwer von Liebe ist bereit, in die tiefsten Wasser zu sinken, o Königin, und meine Augen sind scharf, dass sie sogar deinen Schleier zu durchdringen vermögen. Höre mich an: Ich weiß, du selbst liebst diesen Mann, und mich willst du vernichten, weil ich dir im Wege bin. Gut, ich muss streben und in die Finsternis gehen, ich weiß nicht wohin. Aber eines weiß ich, in meiner Brust brennt ein Licht und bei diesem Licht, wie beim Schein einer Lampe, sehe ich die Wahrheit und sehe die Zukunft an der ich keinen Teil haben soll, sich vor mir aufrollen gleich einem langen Bande. Als ich zuerst meinen Herrn kennen lernte" – sie deutete auf Leo – „da wusste ich auch bereits, dass der Tod die Brautgabe sein würde, die er mir zubrachte. Ganz plötzlich überkam mich diese Erkenntnis, aber ich schrak nicht zurück, sondern war bereit, den Preis zu zahlen, und siehe, da ist nun der Tod! Und auch jetzt wieder, an der Schwelle des Verhängnisses, öffnet sich mein Auge und ich sehe, dass du nicht ernten wirst die Früchte deines Verbrechens! Niemals in diesem Leben wird er dich als sein Gattin umarmen! Auch du, Königin, bist dem Schicksal verfallen und ich sehe" – jetzt klang Ustanes Stimme wie der Aufschrei einer inspirierten Prophetin – „ah, ich sehe…"

Ein zweiter Aufschrei gellte durch den Raum, ein Aufschrei der Wut und des Schreckens. Ischah hatte sich erhoben und stand da, die Hand gegen Ustane ausgestreckt, welche jäh verstummte.

Onkel Frank und Leo, die gespannt auf Ustane blickten, gewahrten nun, wie deren Züge sich plötzlich verzerrten. Ihre Augen waren weit geöffnet, ihre Nasenflügel bebten und ihre Lippen wurden blass, Ischah sprach kein Wort. Sie hielt bloß den Arm ausgestreckt, den linken Zeigefinger auf das Mädchen gerichtet, sich geistig mit der schwarzen Isis verbindend, und schien ihr Opfer durch den Schleier hindurch murmelnd starr anzusehen. Und wiederum, wie damals an Leos Krankenlager, hielt jetzt Ustane beide Hände vor das Gesicht, als wollte sie sich schützen, dann stieß sie einen gurgelnden Schrei aus, drehte sich um sich selbst und schlug rücklings zu Boden … die Rune verfehlte nicht ihr Ziel!

Beide Onkel Frank und Leo, eilten zu ihr – aber sie war schon tot niedergeschmettert durch irgendeine unheimliche Kraft, über welche Ischah gebot.

Leo begriff im ersten Augenblick gar nicht, was da geschehen war. Als er es aber begriff, übermannte ihn die Wut. Mit einem schrecklichen Fluch sprang er aus seiner knienden Stellung neben der Leiche empor und stürzte sich auf die Königin. Diese, die den Angriff hellsichtig vorausgesehen hatte, streckte abermals nur die Hand in der Form der Runengeste aus, und zurücktaumelte er, als hätte er einen Schlag vor den Kopf erhalten, obwohl sie ihn gar nicht berührt hatte. Wenn ihn nicht sein Oheim in seinen Armen aufgefangen hätte, so wäre er sicherlich hingefallen. Und nun sprach Ischah.

„Verzeihe mir, mein Gast", sagte sie sehr freundlich, „wenn ich dich mit meinem Strafgericht erschreckt habe."

„Dir verzeihen, du Teufelin?", schrie Leo wie außer sich. „Verzeihen, dir, du Mörderin? Umbringen will ich dich, wenn ich kann!"

„Nein, nein", erwiderte sie mit derselben freundlichen Stimme, „das wird nicht geschehen. Du verstehst mich nicht, aber der Augenblick ist gekommen, dir alles zu enthüllen. Du bist mein Geliebter, mein Kallikrates, mein schöner, starker! Durch zweitausend Jahre, o Kallikrates, habe ich auf dich gewartet, und nun endlich bist du mir wiedergekehrt. Dieses Weib aber stand zwischen dir und mir und deshalb, mein Kallikrates, musste ich sie aus dem Wege räumen."

„Das ist eine verdammte Lüge!", rief Leo aus. „Ich bin nicht dein Kallikrates. Ich bin Leo Vincey, Aber du bist wahnsinnig oder es täuscht dich eine Ähnlichkeit…"

„Keineswegs!", unterbrach ihn Ischah. „Ich bin nicht wahnsinnig und die Ähnlichkeit ist eine ganz natürliche; du eben bist der wiedergeborene Kallikrates, der zu mir zurückgefunden hat – mein Geliebter und Herr!"

„Ich weiß nichts von einem Kallikrates", beharrte Leo, „und ich mag auch nicht dein, Geliebter und Herr sein!"

„Sagst du so – sagst du so Kallikrates? Freilich, es ist so lange her, seit du mich gesehen hast, dass dir keine Erinnerung daran verblieben ist. Doch wisse, Kallikrates, ich bin sehr schön!"

„Ich hasse dich, Mörderin, und ich habe kein Verlangen danach, dich zu sehen. Was kümmert es mich, wie schön du bist? Ich hasse dich, sage ich dir!"

Und doch, über eine kleine Weile wirst du vor mir auf den Knien liegen und schwören, dass du mich liebst", erwiderte Ischah mit einem süßen, spöttischen Lachen. „Wohlan, dies ist der passendste Ort und die passendes Zeit: Hier vor der Leiche dieses Mädchens, das dich liebte, lass uns die Probe machen. Mein Kallikrates, sieh mich an!"

Mit einer raschen Bewegung warf sie den verhüllenden Schleier ab und zeigte dem jungen Mann ihr nacktes wunderschönes und magisch betörendes Antlitz. Ihr Blick senkte sich in den seinen, um ihn nicht wieder loszulassen.

Onkel Frank, der regungslos dabeistand, wusste, dass das Unausweichliche geschehen würde. Er sah, wie Leos geballte Fäuste sich lösten, wie seine Züge zuerst Überraschung, dann Bewunderung, zuletzt hilflose Hingerissenheit und höchste Erregung widerspiegelten. Ach, hatte er nicht ganz dasselbe durchgemacht? Und fühlte er nicht selbst wieder in diesem Augenblick den stechenden Schmerz im Herzen, den Schmerz, hoffnungslosen Begehrens, verschärft noch durch die Qual der Eifersucht?

„O Himmel!", stammelte Leo, „bist – bist du wirklich ein Weib? Ein Weib aus Fleisch und Blut?"

„Ich bin es. Ein Weib bin ich, aus Fleisch und Blut und – deine Gattin wenn du willst, mein Kallikrates!"

Und während sie dies sagte, streckte sie ihm ihre herrlichen, alabasterweißen Arme entgegen. Ein verführerisches Lächeln umspielte ihre Lippen. Er aber schaute und schaute und langsam zog es ihn näher zu ihr. Da tief plötzlich sein Blick wieder auf den Leichnam der unglücklichen Ustane. Er schauderte und blieb stehen.

„Wie kann ich denn?", klagte er heißer. „Du bist eine Mörderin. Sie hat mich geliebt."

Man beachte, dass er bereits im Begriffe war, zu vergessen, dass auch er sie geliebt hatte.

„Lass das!", flüsterte Ischah, deren Stimme jetzt so lieblich klang wie das Säuseln des Abendwindes in den Bäumen. „Denke nicht mehr daran. Habe ich gesündigt, so soll meine Schönheit die Sünde verantworten. Habe ich gesündigt, so geschah es aus Liebe zu dir. Vergib also und vergiss meine Sünde und" – wiederum breitete sie ihre die Arme entgegen – „komm zu mir! In meine Arme, Kallikrates!"

Der Kampf war entschieden. Soviel überirdischer Schönheit hätte auch ein Stärkerer nicht zu widerstehen vermocht, denn die Kraft der einzelnen Runen ist allmächtig in allen Bereichen und kann von Sterblichen nie und nimmer überwunden werden. Eine lange Umarmung besiegelte den Bund, die Lippen der beiden vereinigten sich zu einem leidenschaftlichen Kusse, der später seine Verwirklichung erfuhr. Der Jüngling war auf die Knie gesunken, und Ischah stand da, über ihn gebeugt als seine Herrin!

„Ich liebe dich!", brach es unaufhaltsam aus seinem willenlosen Munde. Da richtete sich das Weib plötzlich hoch empor, hellauflachend in spöttischem Triumph: „Was habe ich dir gesagt, o Kallikrates? Dass du auf den Knien mir deine Liebe bekennen würdest. Nun, habe ich nicht die Wahrheit gesprochen?"

Hierauf zog sie den Schleier wieder vor ihr Antlitz und gab der anwesenden Sklavin, welche der ganzen Szene mit starren Staunen zugesehen hatte, einen Wink. Das Mädchen verließ das Gemach und kehrte gleich darauf mit zwei von den taubstummen Männern wieder zurück, die Ustanes Leichnam forttrugen.

„Da geht die tote Vergangenheit hin", sagte Ischah feierlich, als sich der Vorhang hinter den Trägern schloss. Und plötzlich, ihr Antlitz aufs Neue enthüllend, begann sie eine Art Triumphgesang, der schauerlich-schön anzuhören War und also lautete Ischahs Triumphlied, das sie runisch betonte, um es wirksam zu machen:

„Die Liebe gleicht einer Blume in der Wüste.
Sie gleicht der Aloe Arabiens, die nur einmal blüht
und dann stirbt.
In der Salzwüste des Lebens erblüht sie und
die Pracht ihrer Schönheit
ist über der Wüste wie ein Stern über einer Sturmwolke.
Schritte nahten da erblüht die Liebe und neigt ihre Schönheit
vor dem Vorübergehenden.
Er aber bricht den roten Kelch, der voll Honig ist,
und trägt ihn fort, fort durch die Wüste, fort,
bis die Blüte verwelkt ist, fort, bis die Wüste

weit hinter ihm liegt.
Nur eine Blüte ist vollkommen in der Wildnis des Lebens:
Die Liebe! Die Liebe!
Ein Stern nur dringt mit seinem Schlimmer durch den Nebel
auf den Pfaden unserer Wanderschaft.
Die Liebe! Die Liebe!
Eine Hoffnung nur geleitet uns durch die Nacht
unserer Verzweiflung:
Die Liebe! Die Liebe!
Es gibt eine Schönheit außer der Liebe.
Es gibt keine Wahrheit außer der Liebe.
Es gibt keine Güte außer der Liebe.
Wer erwägt das Gewicht, wer ermisst das Maß der Liebe?"

Jetzt wandte sich Ischah zu ihrem endlich wiedergefundenen Geliebten, und mit erhobenen Stimme, in einem noch triumphierenderen Tone, fuhr sie fort: „Lange habe ich dich geliebt, mein Geliebter, und doch ist meiner Liebe nicht weniger geworden!

Lange habe ich auf dich gewartet, und siehe, der Preis meines Harrens ist gewonnen!

Weit in der Ferne sah ich dich einst, als du von mir genommen warst. – Da in ein Grabe säete ich den Samen meiner Geduld, und beschien ihn mit der Sonne meiner Hoffnung, und betaute ihn mit den Tränen meiner Reue, und hauchte ihn an mit dem Odem meiner Weisheit.

Und siehe, er keimte und sprosste und blühte und trug seine Frucht! Ich habe den Tod überwunden und der Tod hat mir ihn zurückgebracht – ihn, der tot war!

Und nun lass uns jubeln, Geliebter, denn unser ist die Zukunft! Grün liegt der Pfad vor uns, den wir selbander gehen sollen über die blumige Wiese der Ewigkeit.

Die Stunde ist gekommen. Die Nacht floh in die Täler und auf den Bergspitzen flammt das Morgenrot.

Ohne Bürde werden wir wandern und ausruhen auf sanften Kissen. Ein Königsdiadem wird uns krönen.

Vor meiner Schönheit und deiner Macht werden anbetend die Völker sich beugen.

Durch alle Zeiten wird erschallen der donnernde Ruf unserer Größe, dahinrollend gleich einem Streitwagen durch den Staub endloser Tage.

Lächelnd werden wir unserm Sieg entgegenschreiten; lächelnd wie das Morgenlicht, wenn es über den Hügeln aufleuchtet. Vorwärts, im Triumph, zu immer neuen Triumphen! Vorwärts, mit Macht, zu immer neuer Macht! Vorwärts, unermüdlich, mit dem Strahlenmantel unumschränkter Herrschergewalt bekleidet! Bis endlich unser Geschick erfüllt ist und die Nacht hereinbricht..."

Ischah verstummte. Der Triumphgesang war zu Ende. Leo Vincey und sein Oheim verharrten eine ganze Weile in tiefes Schweigen versunken. Zuviel der seltsamen und übermächtigen Eindrücke waren in diesen letzten Tagen, in diesen letzten Stunden auf sie eingestürmt. Das Wunderbare, Geheimnisvolle, Unerklärliche hatte sie wie ein Netz umsponnen, in welchem ihre Gedanken, Vermutungen und Zweifel wie scheue hilflose Vögel hin- und herflatterten. Und doch – soviel Erstaunliches ihnen auch bisher begegnet war, ebenso viel stand ihnen noch bevor.

9. Kapitel.
Der Tote und der Lebende.

Ischah brach zuerst wieder das Schweigen: „Ich will euch nun, meine Freunde", sagte sie, „den Ort zeigen, der zwei Jahrtausende lang meine Schlafstätte gewesen ist. Nehmt jeder eine Lampe und folget mir!"

Sie erhob sich und schritt dem Hintergrunde des Gemaches zu, wo ein schwerer Vorhang von der Decke bis zum Fußboden herabhing. Als sie diesen zur Seite raffte, zeigte sich dahinter abermals eine jener steilen Treppen, wie fast in jedem der zahlreichen Felsengemächer, die in die unteren Gewölbe hinabführten.

Diese nun mündete in eine Art Tunnel und ein paar Schritte weiter standen Ischah und ihre Begleiter vor einem verhangenen Eingang an der Schwelle einer Kammer, die Frank Holly sofort als diejenige erkannte, in welcher er Ischah bei ihrer nächtlichen Verwünschungszeremonie belauscht hatte. Dort lag auch, auf dem steinernen Ruhebett, der Tote in seiner weißen Linnenhülle. Ein Schauder überkam die beiden Europäer, aber Ischah nahm Leo die Lampe aus der Hand und näherte sich dem Totenlager.

„Hier", sagte sie, „schlief ich Nacht für Nacht an der Seite meines Erwählten, durch so viele Menschenalter. Unerschütterlich, o Kallikrates, war meine Treue zu dir während der Zeit deines Todesschlafes. Jetzt aber, mein Geliebter, sollst du etwas Wunderbares sehen! Lebend, sollst du dich selbst als Toten erblicken. Da – sieh her, und fürchte dich nicht!"

Mit einer raschen Bewegung entfernte sie die Hülle von dem Toten. Bei dem Anblick, der sich ihnen nun darbot, stießen beide, Oheim und Neffe, einen Schreckensruf aus. Denn in der Tat, wenn sie bisher noch an der Wahrheit von Ischah's Behauptung, dass Leo und Kallikrates dieselbe Person seien, gezweifelt hätten – die Ähnlichkeit des Toten mit dem Lebenden musste sie eines Besseren belehren! Onkel Frank blickte verstört von dem einen zum andern und vermochte nicht den allergeringsten Unterschied zu entdecken. Das waren, bis ins Einzelne, die gleiche Gestalt, die gleichen Züge. Man hätte den Toten ohne Weiteres für den schlafenden Zwillingsbruder des Lebenden halten können. Die Gestalt und die Gesichtszüge wechseln nicht bei der Wiedergeburt. Noch unheimlicher beinahe war der Eindruck auf Leo selbst. Dieser stand zwei bis drei Minuten regungslos und stumm da. Und als er endlich die Sprache wiederfand, vermochte er nur wenige unzusammenhängende Worte zu stammeln.

„Ich – das ist – oh, deckt den Toten zu und lasst mich fort!"

„Nein, mein Kallikrates", erwiderte Ischah, „warte noch ein wenig! Es ist mein Wunsch, dass keine Einzelheit meines damaligen Verbrechens dir verborgen bleibe. Du, Holly öffne nun das Gewand auf der Brust des toten Kallikrates, denn vielleicht möchte mein Herr davor zurückschrecken, sich selbst zu berühren!"

Frank Holly gehorchte mit zitternder Hand. Ihm erschien es fast wie eine Entweihung, das schlafende Ebenbild des lebenden Jünglings an seiner Seite zu berühren. Da – als die Brust des Toten entblößt war, zeigte sich unmittelbar über dem Herzen eine tiefe Wunde, anscheinend von einem Speer herrührend.

„Siehst du diese Wunde, mein Kallikrates?", fragte Ischah. „So wisse denn, dass ich es war, die dir den tödlichen Stich zufügte. Ich tötete dich, um der Ägypterin Amenartas willen, die du liebtest, und der ich nichts anhaben konnte, wie jetzt dieser Ustane, denn jene war zu mächtig für mich. In meinem Zorn tötete ich dich, und all die Zeit her habe ich deinen Tod beklagt und deine Wiederkehr ersehnt. Und nun bist du endlich gekommen und niemand soll es mehr wagen, zwischen dich und mich zu treten. Schau dir diesen Körper genau an, der einst dein eigener gewesen ist. All die Zeit her war er mein tröstender Gesellschafter. Aber nun ist seine Aufgabe erfüllt, denn nun habe ich dich, den Lebenden wieder. Und so mag denn der Staub wieder zu Staub werden!"

Nach diesen Worten nahm sie aus einer kleinen Wandnische über dem

Totenlager ein zweihenkeliges Glasgefäß, dessen Öffnung mit einer Fischblase verschlossen war. Diese entfernte sie und dann, nachdem sie sich noch einmal über den leblosen Körper geneigt und einen letzten innigen Kuss auf die bleiche Stirn gepresst, goss sie vorsichtig den Inhalt des Gefäßes über ihn aus – sehr vorsichtig, damit kein Tropfen der alchemistischen Flüssigkeit, die durch entsprechende Runen geladen war, sie selbst oder ihre Begleiter besprenge. Die Wirkung war erstaunlich. Sofort erhob sich ein dichter Dampf und ein beißender Geruch erfüllte die Kammer, sodass es unmöglich war, etwas zu sehen, während die zerstörende Kraft der Yr-Rune ihr Werk tat.

Von der Stelle, wo der Leichnam lag, kam ein scharfes Zischen und Knistern. Einige Minuten später, nachdem der Dampf sich verzogen hatte, zeigte sich, dass auf der steinernen Erhöhung, auf welcher so viele Jahrhunderte lang die sterblichen Überreste des Kallikrates auf magische Weise geruht hatten, nichts mehr vorhanden war, als ein Häufchen rauchenden Pulvers.

„Staub zu Staub!", wiederholte Ischah feierlich. „Die Vergangenheit gehört der Vergangenheit! Kallikrates war tot und ist wiedergeboren!"

Während sie so sprach, nahm sie eine Handvoll von dem Staube auf und streute ihn in die Luft. Leo und Onkel Frank sahen schweigend zu, wie er zerflatterte und auf den Felsboden niedersank.

„Nun aber, meine Freunde", wandte sich Ischah an die beiden, verlasst mich! Begebt euch in eure Gemächer und schlaft, wenn ihr es vermöget. Ich aber muss wachen und sinnen, denn morgen zur Nacht gehen wir fort von hier, und es ist lange her, seit ich den Pfad betreten, den wir einschlagen müssen."

10. Kapitel.
Im Tempel.

Am nächsten Morgen, als unsere Freunde sich über ihre jüngsten Erlebnisse und daran anknüpfend, über ihre Zukunftsaussichten unterhielten, zeigte sich, dass ihre Stimmung wenig optimistisch war.

Leo vor allem war von Reue und Scham gepeinigt. Er verwünschte sich selbst und die Stunde, da er jenen Papyrus entdeckt, dessen Inhalt sich so geheimnisvoll bestätigte. Und bitterlich verwünschte er seine eigene Schwäche. Ischah zu verwünschen, wagte er nicht; wie hätte er's auch wagen können, ohne zu befürchten, dass sie, die beinahe allwissend war,

91

davon erfahren würde?

„Was soll mit mir geschehen, lieber Oheim", wandte er sich an Frank Holly. „Ich ließ es zu, dass sie Ustane mordete! Nicht, dass ich es hätte hindern können – aber fünf Minuten später küsste ich die Mörderin über ihrem Opfer! Oh, ich bin ein Vieh, ein gemeines Vieh, aber" – hier sank seine Stimme zu einem Flüstern herab – „ich kann dieser Zauberin nicht widerstehen. Ich weiß, morgen würde ich nicht anders handeln. Ich bin für immer in ihrer Gewalt. Könnte ich sie nicht mehr wiedersehen, ich würde dennoch für den Rest meines Lebens an niemand anderen mehr denken als an sie. Ich muss ihr folgen, wie eine Nadel dem Magnet folgt. Und dann – dieser Leichnam! Wie grauenhaft! Denn bei Gott, lieber Oheim, das war wirklich ich! Ich fühle mich, als sei ich in eine Knechtschaft verkauft, als gehe dieses Weib darauf aus, meine Seele als Kaufpreis für sich zu nehmen."

Nun, was konnte Onkel Frank auf diesen Ausbruch der Verzweiflung erwidern? Er, der sich genau in der gleichen Lage befand? Denn auch er liebte Ischah, seit er sie entschleiert gesehen – sie verhexte ihn wissend! – und war sich bewusst, dass es ihm zeitlebens nicht mehr gelingen werde, diese wahnsinnige Leidenschaft aus dem Herzen zu reißen.

Dann kam noch Job hinzu, der in der Nacht einen bösen Traum gehabt hatte.

„Mir träumte, Herr", berichtete er, „ich sah meinen alten Vater mit einer Art Nachthemd angetan, und das bedeutet sicherlich nichts Gutes. Und er warnte mich auch. Job, sagte er zu mir, deine Zeit ist abgelaufen. Ich komme, um dich zu holen. Aber darauf war ich nicht gefasst, dass ich so weit nach dir laufen müsste. – Ist das nicht deutlich, Herr?"   .

„Na, na", suchte ihn Onkel Frank zu beruhigen, „du glaubst doch nicht im Ernst sterben zu müssen, weil dir von deinem Vater geträumt hat? Wenn man sterben müsste, bloß weil einem von deinem Vater geträumt hat, was stünde dann einem Menschen bevor, dem von seiner Schwiegermutter träumte?"

Aber Job ließ sich's nicht ausreden.

„Sie lachen über mich, Herr", sagte er, „aber ich weiß, was ich weiß, Wenn es jemand anderer gewesen wäre – meine Tante Marie zum Beispiel, die sich gern mal einen Scherz erlaubte – so würde ich mir nicht viel draus machen. Aber mein Vater war bei Lebzeiten so bequem, dass er sicher auch nach seinem Tode nicht zum Spaß eine so weite Reise machen würde."

„Das ist doch Unsinn, Job."

„Nun gut, Herr!", erwiderte Job. „Es ziemt mir nicht, anderer Meinung zu sein als Sie. Aber dennoch, Herr, ich bitte Sie, nehmen Sie mich mit, wenn Sie irgendwohin gehen. Denn, sehen Sie, Herr, es wäre ein Trost für mich, ein bekanntes, freundliches Antlitz zu sehen, wenn die Zeit da ist. Das würde mir leichter hinüberhelfen. – Und nun, Herr, will ich das Frühstück bringen."

Obwohl Frank Holly versucht hatte, der Sache die komische Seite abzugewinnen, blieb er nach Job´s Abgang dennoch mit einem unbehaglichen Gefühl zurück; das durch den Anblick seines in finsterem Hinbrüten dasitzenden Neffen keineswegs gehoben wurde.

Das Frühstück wurde ziemlich schweigend eingenommen. Beim Mittagsmahl zeigte sich die Stimmung nur wenig verbessert. Bald nachher erschien Billali, um Leo und seinen Oheim zu Ischah zu holen.

Wie gewöhnlich wurden sie durch die stummen Diener eingeführt, und nachdem diese sich zurückgezogen hatten, entschleierte sich Ischah und ließ sich von Leo küssen. Sie legte ihre weiße Hand auf sein Haupt und blickte ihm zärtlich in die Augen.

„Hast du dich noch nicht gefragt, o Kallikrates", begann sie, „wann endlich du mich dein eigen nennen wirst? Das will ich dir jetzt sagen. Vor allem musst du ebenso sein, wie ich bin – nicht unsterblich, in der Tat, denn das bin ich auch nicht, sondern nur gestählt und gehärtet durch das Schöpferwort gegen die Angriffe der Zeit, sodass ihre Pfeile von dem Panzer deiner Lebenskraft abprallen wie Sonnenstrahlen von einer Wasseroberfläche. – Noch kann ich, Geliebter, mich mit dir nicht paaren, denn du und ich sind noch so verschieden, dass du in der Brunst der Umarmung zu Asche vergehen wurdest. Deshalb küsstest du mich zur Verwirklichung unserer Verbindung vorläufig nur mit dem Mund, um sie zu besiegeln. Aber deine Geduld soll auch auf keine allzuharte Probe gestellt werden. Heute Abend – ich hab euch schon gestern angekündigt – machen wir uns auf den Weg nach dem Tempel der Wahrheit und der Flamme des Lebens der Göttin Hel, darinnen du dich baden sollst, mein Geliebter, um richtig verklärt zu werden wie noch kein Sterblicher vor dir. Und dann, Kallikrates, sollst du mich dein Weib nennen und ich will dich meinen Gatten nennen in unserer wahren Vereinigung."

Leo stotterte, als Antwort auf diese erstaunliche Erklärung einige unverständliche Worte, sodass Ischah über seine Verwirrung lächeln musste.

Hierauf fuhr sie fort: „Nun weißt du, mein Kallikrates, was ich zunächst mit dir vorhabe. Willst du auch nun endlich Vertrauen fassen und mir erzählen, was ich noch nicht weiß, wodurch ihr bewogen wurdet, mich hier aufzusuchen."

Ihrer Aufforderung nachkommend, berichtete nun Leo die Geschichte des Papyrus, der seinen Namen trug, und las ihr auch von einer Abschrift, die er bei sich hatte, den griechischen Text desselben vor. Ischah hörte sehr aufmerksam zu und wandte sich, nachdem er geendet, an Frank Holly.

„Da sieht man wieder, oh Holly", sagte sie, „dass aus Gutem das Böse und aus Bösem das Gute hervorgehen kann. Du säest, und weißt nicht, was du ernten wirst. Du schlägst und weißt nicht, wohin der Schlag fallen wird. Diese Ägypterin Amenartas, die Königstochter aus dem Nillande, die mich hasste und die ich noch jetzt hasse, weil sie mir überlegen war – siehe, sie selbst hat nun ihren Geliebten in meine Arme geführt! Um ihretwillen erschlug ich ihn und jetzt ist er durch sie mir zurückgegeben worden. Aber vielleicht..."

Hier hielt sie inne und kehrte sich wieder zu Leo: „Enthält nicht der Papyrus das Testament ihrer Rache an ihren Sohn? Und bist nicht du, als die Wiederverkörperung ihres Gatten und meines Opfers, der Nächste zu seiner Vollstreckung? Wohlan!", sie warf sich vor ihm auf die Knie und öffnete ihr Gewand über der Brust: „Hier, Kallikrates, schlägt mein Herz, und du hast ein Messer, lang und scharf, wie geschaffen, eine Mörderin zu richten. Nimm es und stoß zu! Vergilt Gleiches mit Gleichem! Töte mich und werde glücklich in dem Bewusstsein, das Rachegebot der Vergangenheit vollzogen zu haben!"

Aber Leo schüttelte den Kopf. Lange blickte er ihr starr in die Augen, dann streckte er die Hand aus und zog die Knieende an sich.

„Erhebe dich, Ischah!", sagte er. „Du weißt sehr gut, dass ich dir nichts tun kann, nicht einmal um des Weibes willen, das du erst gestern Nacht umgebracht hast. Ich bin in deiner Gewalt, bin dein Sklave, und würde lieber mich selbst töten als dich!"

„Demnach, o Kallikrates, fängst du bereits an, mich zu lieben!", erwiderte sie, Triumph in der Stimme. „Und wahrlich, dein Lohn dafür soll nicht gering sein! Denn wisse, es ist nicht meine Absicht, hier in den Höhlen von Kor zu bleiben. Wenn du erst, durch das Bad in der Flamme des Lebens, mir gleich geworden bist, dann Geliebter, wollen wir dieses Land verlassen und uns nach deiner Heimat begeben. Ist nicht England ein Reich, wie einst das römische war? Wie? Noch größer und mächtiger, sagst du? Nun wohl, über dies gewaltige Reich soll mein Geliebter als Herrscher gebieten! Lockt dich das nicht, Kallikrates?"

Und ohne die Antwort des über eine solche Verheißung sprachlosen Jünglings abzuwarten, erhob sie sich, um die Unterredung zu beenden: „Geht nun, meine Freunde, und trefft eure Vorbereitungen für die bevorstehende Reise. Nehmt aber kein großes Gepäck mit, denn wir werden höchstens drei Tage fortbleiben. Und nach unserer Rückkehr werde ich dann den Plan für die Reise nach Europa entwerfen."

Die Reisevorbereitungen, bei denen unsern Freunden der alte Billali behilflich war, nahmen keine lange Zeit in Anspruch. Kleider zum Wechseln, Waffen und genügend Munition, das war alles, was eingepackt wurde. Alles übrige wurde zurückgelassen.

Der Aufbruch fand genau zur festgesetzten Stunde statt. Am Eingange der Höhle wartete eine Sänfte mit sechs Trägern, in welcher Ischah Platz nahm. Ihre Begleiter sollten zu Fuß gehen, was ihnen ganz recht war, weil sie, nach dem langen Aufenthalt in den Höhlen, etwas Bewegung im Freien geradezu ersehnten.

Der Weg führte zunächst über die weite, wohlangebaute Ebene, welche den Boden des einstigen Kratersees bildete. Da die Luft um diese Tageszeit kühl war, so, kamen die Reisenden ziemlich rasch vorwärts und erreichten nach zweistündiger Wanderung die große Ruinenstätte von Kor. Im Vergleich zu Babylon, Theben und anderen Kulturzentren des grauen Altertums, war diese vielleicht unbedeutend. Ihr Umfang, noch kenntlich nach den Überresten der einstigen Stadtmauer, mochte etwa zwölf Quadratmeilen betragen haben. Auch die Mauer selbst konnte nicht sehr hoch gewesen sein – höchstens vierzig Fuß – aber dafür war sie eben so breit als hoch und ganz aus behauenen Quadern ausgeführt. Außerhalb der Mauer lief ein tiefer Wassergraben um die Stadt, der zum Teil schon verschüttet war.

Über die Trümmer einer Brücke und unter den einsturzdrohenden Bogen eines halbverfallenen Tores hinweg drangen unsere Reisenden in die Stadt ein, deren Ruinen die Abendröte verklärte: Häuser, Tempel und Paläste, dazwischen das satte Grün der überwuchernden Vegetation.

Sie befanden sich anscheinend in der einstigen Hauptstraße der Stadt, wo die Gebäude noch am besten erhalten waren. Was ihnen zuerst in die Augen fiel, war ein riesiges Bauwerk, vermutlich ein Tempel, der zumindest vier Joch Boden bedeckte. Vor seinem säulengeschmückten Portal ließ Ischah ihre Sänfte halten.

„Hier, Kallikrates", sagte sie zu Leo, der herbeigeeilt war, um ihr beim

Aussteigen behilflich zu sein, „war einst der Platz, wo man übernachten konnte. Vor zweitausend Jahren haben du und ich und jene Ägypterin hier übernachtet, aber seither habe ich keinen Fuß mehr dahin gesetzt und vielleicht ist das Gemach verfallen."

Sie schritt voran in den Tempelhof, wo sie zweifelnd Umschau hielt. Aber ihre Befürchtung bestätigte sich nicht.

„Dort ist der Platz!", rief sie aus. „Folget mir!"

Der Raum, auf dessen Eingang sie zuschritt, mochte vor Zeiten dem Türhüter des Tempels zum Aufenthalt gedient haben. Es war finster darin, sodass die stummen Diener zuerst eine Lampe anzünden mussten, bevor man eintreten konnte. Auch erwies es sich als notwendig, den Fußboden von Schutt und Staub zu reinigen.

Dann machte man sich's bequem, so gut es ging. Während Onkel Frank, Leo und Job ein frugales Nachtmahl verzehrten, saß Ischah schweigend da, den Blick hinaus ins Freie gerichtet, wo eben der hinter dem fernen Bergwall emporklimmende Vollmond sein silbernes Licht über die Säulen und Mauertrümmer goss.

„Oh Holly", brach sie endlich das Schweigen, „kannst du dir denken, weshalb ich euch heute Nacht hierher gebracht habe? Gewiss nicht. So höre denn: Ich tat es, weil, ja es ist seltsam, aber weißt du, Kallikrates, dass du jetzt gerade auf derselben Stelle ruhst, von der ich damals deinen Leichnam aufhob, um ihn nach den Höhlen bringen zu lassen! Mit Deutlichkeit erinnere ich mich nun an alles. Ich sehe die ganze Szene wieder vor mir und schrecklich ist mir der Anblick!"

Sie schauderte, und Leo, als er den Sinn ihrer Worte erfasst hatte, sprang entsetzt auf und suchte sich einen andern Sitz.

„Ich brachte euch hierher", fuhr Ischah fort, „auf dass ihr den wunderbarsten Anblick genießt, der sich je einem Menschen geboten: die Ruinen von Kor im Vollmondscheine! Wenn ihr eure Mahlzeit beendet habt (ich wünschte, Kallikrates, ich könnte dich lehren, nur von Früchten zu leben, wie ich), dann wollen wir hinausgehen und ich werde euch diesen gewaltigen Tempel zeigen, und die Göttin, welche einst die Menschen in ihm anbeteten."

Und so geschah es. Freilich, den Anblick zu schildern, der sich unseren Freunden darbot, ist wirklich schwer. Der Tempel allein hatte den Umfang eines ganzen Stadtteiles und schloss zahlreiche Höfe in sich, die durch Reihen mächtiger Säulen von einander getrennt waren. So überwältigend war die Wirkung dieser Umgebung, dass niemand ein lautes Wort zu sprechen wagte. Selbst Ischah schien betroffen im Angesichte dieser Altertümer, mit denen verglichen ihr eigenes langes Leben nur eine Kleinigkeit zu nennen war. Nur flüsternde Worte wurden gewechselt und weckten ein flüsterndes Echo in den Säulengängen.

Fast taghell flutete das Mondlicht über die Säulen und Höfe, überflutete die geborstenen Mauern und enthüllte in silberner Verklärung noch einmal die ganze Pracht dieser geweihten Stätte. Ja, wahrlich, Ischah hatte recht, es war ein wunderbarer Anblick, die Ruinen von Kor im Vollmondscheine!

„Jetzt kommt!", sagte Ischah nach einer Weile. „Ich will euch zeigen die steinerne Blume der Lieblichkeit, die wahrhaftige Krone des Wunderbaren, wenn noch sie aufrecht dasteht, der Zeit spottend mit ihrer Herrlichkeit und das Menschenherz erfüllend mit der Sehnsucht nach dem Geheimnisvollen, das hinter ihrem Schleier sich verbirgt. Kommt mit meine Freunde!"

Ohne eine Antwort abzuwarten, schritt sie voran; durch die einander umschließenden Höfe, dem Mittelpunkt der Tempelanlage zu. Und siehe: In der Mitte des innersten Hofes der etwa fünfzig Ellen im Geviert messen mochte, oder noch etwas mehr, sahen sie sich plötzlich einem Gebilde gegenüber, das, ohne Übertreibung als das größte allegorische Kunstwerk bezeichnet werden konnte, das je aus der Hand eines Künstlers hervorgegangen ist.

Auf einem Sockel aus Quadersteinen ruhte eine gewaltige steinerne Kugel, fast schwarz, von etwa vierzig Fuß Durchmesser. Und auf dieser Kugel stand eine geflügelte Kolossalfigur von so überwältigender Schönheit, dass den Betrachtern der Herzschlag zu stocken drohte. Die Figur war aus weißem Marmor gehauen und wenig unter zwanzig Fuß hoch. Sie stellte ein erhabenes Weib dar, das sich mit ausgestreckten Armen vorwärts beugte, als sei sie im Begriffe, mütterlich ein innigst geliebtes Wesen zu umarmen. Die anmutvolle Gestalt war nackt, mit Ausnahme – und das war eben das Außerordentliche – des Gesichtes, dessen Züge man nur ahnen konnte. Denn um das Haupt war ein dünner Schleier geschlungen, dessen Enden über die linke Schulter herabfielen.

Wer ist das? Wen stellt das Bild dar?", fragte Frank Holly, sobald er seinen Blick von dem Kunstwerk loszumachen vermochte.

„Vermagst du das nicht zu erraten, oh Holly?", erwiderte Ischah. „Wo bleibt dann deine Einbildungskraft? Es ist die Wahrheit der Ur-Mutter Hel, die die Kinder der Welt einlädt, ihr Antlitz zu enthüllen. Schau, dort auf dem Sockel ist eine Inschrift eingegraben. Der Text mag wohl einem der heiligen Bücher von Kor entnommen sein. Ich will versuchen, ihn dir zu übersetzen."

Mit diesen Worten trat Ischah näher an das Bildnis heran und las: „Ist hier niemand", lautete die Wiedergabe der Inschrift, „der es wagt, meinen Schleier zu lüften und mein Antlitz zu schauen, das wahrlich schön ist? Ihm, der meinen Schleier lüftet, will ich mich zu eigen geben und ihm Frieden auf ewig bescheren, Früchte der Erkenntnis und gute Werke. Aber eine Stimme rief: Wahrlich, Jungfrau bist du, und Jungfrau sollst du bleiben bis ans Ende der Zeiten. Kein Mann, vom Weibe geboren, wird es je wagen, deinen Schleier zu lüften. Deinen Schleier lüftet nur der Tod, o Göttin Wahrheit! Keinem Lebenden ist der Anblick deiner Züge beschieden! Da breitete die Göttin ihre Arme aus und weinte, weil diejenigen, welche sie suchen, sie nicht finden und niemals würden ihr Antlitz schauen!"

„Aus dieser Inschrift, oh Holly", wandte sich Ischah an ihn, „geht hervor, dass die Wahrheit die Göttin Hel von Kor gewesen ist. Ihr erbaute man Tempel und Heiligtümer, nach ihr forschte man, und obwohl man wusste, dass man sie niemals finden würde, ließ man doch nicht ab, nach ihr zu forschen, denn nur der Ausgeglichene gelangt zu ihr!"

„Ja", versetzte Frank Holly, „und so suchen die Menschen bis heute, und forschen und quälen sich, aber vergeblich. Denn diese Inschrift hat recht: Der mystische Tod erst lüftet uns den Schleier der Wahrheit in die Unendlichkeit!"

11. Kapitel.
Überm Abgrund.

Am folgenden Morgen, beim Frühstück, fiel es allen auf, dass Ischah nicht so stolz und zuversichtlich aussah wie sonst. Leo fragte sie, wie sie geschlafen habe.

„Schlecht, mein Kallikrates", lautete die Antwort. „Sehr schlecht. Diese Nacht haben sich seltsame und hässliche Träume in mein Hirn geschlichen und ich habe fast das Gefühl, als stünde mir irgend ein Übel bevor. Und doch, welches Übel vermöchte mir etwas anzuhaben? Ich möchte aber wohl wissen, ob du, mein Kallikrates, wenn ich dich auf eine Zeit verlassen müsste mich in freundlicher Erinnerung behalten würdest? Ob du auf mich warten würdest, wie ich durch so viele Jahrhunderte auf dich gewartet habe?"

Hierauf gab sie die Anweisung zum sofortigen Aufbruch.

„Wir haben einen weiten Weg vor uns, und bevor der nächste Tag anbricht müssen wir an Ort und Stelle sein, wo die Flamme des Lebens unser harrt!" Fünf Minuten später war die kleine Karawane abermals unterwegs. Mitten durch die ausgedehnte Ruinenstätte ging der Marsch und als von Osten der erste Strahl der aufgehenden Sonne wie ein goldener Pfeil herüberblitzte, war der jenseitige Ausgang, der über Trümmer von Tor und Brücke ins Freie führte, erreicht.

Für das Frühstück wurde nur eine kurze Rast gehalten, dann ging es unermüdlich weiter bis gegen zwei Uhr nachmittags. Um diese Stunde wurde der Fuß des ungeheuren Felsenwalles, welcher den Kraterrand des ehemaligen Vulkans bildete, erreicht. Hier verließ Ischah ihre Sänfte.

„Unsere Mühe", sagte sie, „beginnt jetzt erst, denn an dieser Stelle müssen die Träger zurückbleiben. Du", wandte sie sich an Billali, „wirst ein Lager aufschlagen lassen und mit diesen Sklaven hier bleiben, um unsere Rückkehr abzuwarten. Morgen Mittag sind wir zurück, wenn nicht, so müsst ihr eben länger warten."

Billali verbeugte sich tief, zum Zeichen seines blinden Gehorsams.

„Und dieser Mann, Holly", fuhr Ischah auf Job deutend fort, „täte gleichfalls besser, hier zu warten, denn wenn er nicht großen Mut besitzt, so könnte ihm leicht ein Unglück zustoßen. Auch sind die Geheimnisse des Ortes, an den ich euch führen werde, nichts für die Augen gewöhnlicher Sterblichen."

Aber Job, welchem Onkel Frank diese Warnung übersetzte, protestierte mit Tränen in den Augen dagegen, zurückgelassen zu werden, und Ischah gab achselzuckend nach.

„Meinetwegen!", sagte sie. „Aber wenn er schon mitgeht, so soll er wenigstens die Lampe und dies Brett tragen!"

Sie deutete auf eine schmale Planke von etwa sechzehn Fuß Länge, die an ihrer Sänfte befestigt war und über deren Zweck Onkel Frank sich bereits vergeblich den Kopf zerbrochen hatte. Job nahm willig beides an sich. Onkel Frank erhielt eine zweite Lampe und ein Krüglein mit einem kleinen Vorrat Öl für die Lampe, und Leo belud sich mit Lebensmitteln und einem vollen Wasserschlauch.

Und nun begann eine wahrhaft halsbrecherische Kletterpartie. Ischah entfaltete die Geschicklichkeit und Grazie einer Gämse und unsere drei Freunde versuchten, so gut sie vermochten, es ihr gleichzutun. Der Abhang stieg zwar beinahe senkrecht empor, doch gab es überall Vorsprünge, an denen Fuß und Hand ihren Halt fanden.

Bei ungefähr fünfzig Fuß Höhe gelangten sie in eine Felsspalte, die in eine geräumige, natürliche Höhle mündete. Je tiefer sie in diese eindrangen, desto dunkler wurde es um sie her, und das spärliche Licht der beiden Öllampen reichte nicht im entferntesten aus, die Finsternis zu erhellen. Endlich standen sie am jenseitigen Ende, und sahen betroffen vor sich einen Abgrund, dessen Breite vorläufig nicht zu ermessen war, weil die jenseitige Felswand in der Dunkelheit unsichtbar blieb. Aus der schwarzen Tiefe aber erhob sich ein plötzlicher Sturmwind, welcher beide Lampen auslöschte.

„Da müssen wir hinüber!", erklärte Ischah.

„Aber seid vorsichtig, meine Freunde, dass ihr nicht schwindlig werdet oder der Luftzug euch in den Abgrund reißt, welcher buchstäblich bodenlos ist!"

Nachdem die Lampen wieder angezündet waren, zeigte sich den Blicken der schaudernden Männer ein schmaler Felsvorsprung, der wie ein Brückenbogen über den Abgrund hinüberreichte, jedoch anscheinend ohne den jenseitigen Rand zu berühren. Und so schmal war diese Brücke, dass sie Frank Holly unwillkürlich an die mythische Brücke es-Sireth – die Brücke des Todes – erinnerte, welche, nach der mohammedanischen Lehre die Toten überschreiten müssen und von welcher die Bösen in die Dschehenna (Hölle) abstürzen. Aber Ischah war schon unterwegs.

„Vorwärts!", rief sie, „folget mir, es ist höchste Zeit, sonst versäumen wir das Licht, welches rhythmisch erscheint!"

Niemand verstand, was sie damit meinte, aber sie zögerten nicht. Freilich nur, während Ischah hochaufgerichtet in ihrem leuchtend weißen Gewande vor ihnen herschritt, arbeiteten sie sich mühselig auf allen Vieren vorwärts. Und dann auf einmal begriffen sie, wozu das Brett mitgenommen worden war: Sie kauerten am Ende des natürlichen Brückenbogens, der hier abgebrochen war ... Und noch war vom jenseitigen Rand des Abgrundes keine Spur zu entdecken, wie sehr auch ihre Augen sich anstrengen mochten, das Dunkel zu durchdringen.

„Nun müssen wir warten", verkündete Ischah. „Es wird sogleich hell werden."

Und in der Tat – sie hatte kaum diese Worte ausgesprochen, als etwas Wunderbares geschah. Ganz plötzlich und unvermittelt leuchtete es auf; ein Licht, das wie ein flammendes Schwert die stygische, unheimliche Finsternis zerschnitt. Woher kam dieses Licht?

Ischah gab ihnen die Erklärung, bevor noch Leo oder Frank eine Frage stellen konnten: „Dort drüben bricht eine Art Lichtschacht durch die Felswand des Berges und wenn die untergehende Sonne einen bestimmten Punkt am Himmel erreicht, so sendet sie ihre Strahlen gerade durch den Schacht herein. Doch eilen wir uns, meine Freunde, denn das Phänomen dauert nur wenige Minuten."

Eilen wir uns. Das war leicht gesagt, aber unsere Freunde sahen nun in der zunehmenden Helligkeit, die ihre Lampen überflüssig machte, schaudernd, dass ihnen das Schlimmste noch bevorstand. Denn dort drüben zeigte sich allerdings fester Boden, aber der Abstand betrug beinahe sechzehn Fuß und so gab es keinen anderen Weg hinüber als das schmale Brett.

„Großer Gott!", stöhnte Job, als er sich, Ischahs Befehle gehorchend, welchen Frank Holly ihm verdolmetschte, anschickte, die Planke an Ort und Stelle zu bringen.

„Sie meint doch nicht, dass wir – dass wir über dieses Ding da hinüber sollen!"

„Es gibt keinen andern Weg, Job", erwiderte Onkel Frank in grimmiger Entschlossenheit.

Wie überall so ging auch hier Ischah ihren Gefährten mit ihrem mutigen Beispiele voran. Nachdem sie sich überzeugt hatte, dass die Planke festlag, betrat sie sie ohne Zögern. Ein paar leichte Schritte, und sie stand drüben.

„Die Planke ist sichert", rief sie zurück. „Nun, Holly, bist du an der Reihe!"

Aber Frank Holly, der am Rande des Abgrundes auf den Knien lag, zauderte.

„Fürchtest du dich?", erklang da abermals ihre klare Stimme. „So lass Kallikrates den Vortritt!"

Das genügte. Ein Mann wie Frank Holly wird lieber den grausigen Sturz in den Abgrund riskieren, als den Verdacht der Feigheit auf sich nehmen. Er biss also die Zähne zusammen und kroch vorwärts.

„Ich bin nie ganz schwindelfrei gewesen", pflegte er nachmals, wenn er im Kreise seiner Freunde auf dieses Abenteuer zu sprechen kam, sich zu, äußern. „Aber noch niemals vorher, und niemals wieder seither, habe ich die Schrecken einer solchen lebensgefährlichen Situation auskosten müssen. Trotz der umgebenden Helligkeit, die jetzt gerade ihren Höhepunkt erreichte, wurde mir dunkel vor den Augen. Ich hatte das Gefühl, zu fallen und hatte es noch, als ich in Wirklichkeit bereits wieder festen Boden unter mir hatte."

Nach Holly kam Leo daran, der, obwohl gleichfalls nicht ganz ohne Furcht, dennoch aufrecht mit langen Schritten, wie ein Seiltänzer über die schwankende Planke kam.

„Bravo, Geliebter!", begrüßte ihn Ischah, indem sie ihm beide Hände entgegenstreckte. „Du hast dich wacker gehalten. Man sieht, dass der alte griechische Geist noch in dir lebendig ist."

Am kläglichsten von allen dreien benahm sich Job, aber wer wollte ihm daraus einen Vorwurf machen.

„Herr", ließ er sich vernehmen, „das ist mein Ende! Ich – ich weiß, das ich abstürzen werde."

„Unsinn, Job!", suchte ihn Frank Holly zu beruhigen. „Versuch´s nur! Du wirst sehen, es geht ganz gut."

„Nein, Herr! Ich trau mich nicht!"

„Der Mann soll sich beeilen", ließ sich Ischah vernehmen. „Das Licht wird sogleich fort sein. Entweder er kommt herüber oder er mag drüben zugrunde gehen."

Sie hatte recht. Die Helligkeit nahm, wie die Sonne aus ihrer Stellung gegenüber dem Lichtschacht fortrückte, sehr rasch ab.

„Sei ein Mann, Job!", ermunterte ihn auch Leo. „Die Sache ist wirklich leichter, als es den Anschein hat."

Da wagte er sich endlich auf das Brett. Sitzend und mit den Händen sich anklammernd, während seine Füße über dem Abgrund baumelten, schob er sich ruckweise vorwärts. Und unter jedem Ruck schaukelte das Brett und drohte umzuschlagen.

Das schlimmste aber war – als er just in der Mitte schwebte, ging plötzlich, wie eine Lampe, die man abdreht, das Licht aus und alles ringsum versank ins tiefste Dunkelheit.

„Vorwärts, Job, um Himmelswillen!", schrie Frank Holly, außer sich vor Angst.

„Gott sei mir gnädig!", erscholl als Antwort Jobs Stimme aus der Finsternis. „Oh, das Brett rutscht!"

Da, im letzten Augenblick erfasste Onkel Frank Hand den blindlings um sich Greifenden und hielt ihn fest. Hätte er daneben oder nur um den Bruchteil einer Sekunde später zugegriffen, so wäre der fürchterliche Absturz unvermeidlich gewesen. Doch bedurfte es noch der Aufbietung aller Kräfte, um den Unglücklichen vollends auf festen Boden zu ziehen.

Aber Himmel das Brett! Dieses freilich war nicht mehr zu retten. Man hörte es noch in der Tiefe wiederholt gegen Felsvorsprünge schlagen, doch bald erstarb auch der letzte Laut. Das Brett war fort.

„Wie sollen wir nun über den Abgrund zurückgelangen", fragte Onkel

Frank verzweifelt.

„Ich weiß nicht", erwiderte Leo, ziemlich gleichgültig. „Ich bin schon froh, dass wir herüber sind!"

Nur Ischah schien von dem Unfall keinerlei Notiz zu nehmen.

„Zündet die Lampen wieder an", gebot sie, „und folget mir! Wir sind noch nicht am Ziele!"

12. Kapitel.
Die Flamme.

Beim schwachen Schimmer der Öllampen stellte sich den mit so knapper Not dem Abgrunde Entronnenen ihre Umgebung dar als ein ziemlich geräumiges Felsengemach, in dessen Hintergrunde sich ein schmaler Stollen öffnete, der steil abwärts noch tiefer ins Innere des Berges hineinführte.

Ischah schritt voran, die andern im Gänsemarsch hinterdrein. Länger als eine halbe Stunde währte die seltsame Wanderung, wobei unsere Freunde sich vorkamen wie abgeschiedene Seelen im Schoße des Hades. Endlich mündete der Stollen wieder in eine große Höhle, doch bevor sie diese betraten, wandte sich ihnen Ischah zu mit folgenden Worten: „Ich hatte schon befürchtet, der Weg, den ich vor Jahrhunderten zum letzten mal gegangen bin, könnte in der Zwischenzeit verschüttet worden sein. Glücklicherweise ist das nicht der Fall, und so bereitet euch nun vor, meine Freunde, in den wahren Mutterschoß der Erdgöttin Hel einzudringen, worin sie das heilige Leben empfängt, das ihr in Mensch und Tier und Pflanze sich vermehren und fortzeugen seht."

Während dieser Rede der Königin wurden die Drei eines Lichtschimmers gewahr, der aus einer entfernten Ecke der Höhle hervordrang. Gleichzeitig erfüllte ein seltsames Geräusch ihre Ohren: ein Rauschen, Knistern und Prasseln, ein Zischen, Heulen und Sausen, dessen Ursprung sie sich zunächst nicht zu erklären vermochten.

„Dort nebenan", fuhr Ischah fort, „werdet ihr die Flamme des Lebens erblicken. Nehmt euern Mut zusammen und kommt!"

Als sie sich jener Ecke näherten, erkannten sie alsbald, dass daselbst eine Felsspalte vorhanden war, welche die Verbindung mit einer nebenan befindlichen, noch viel größeren Höhle herstellte. Einzelheiten vermochten sie aber zunächst nicht zu unterscheiden, weil sie sofort geblendet die Augen schließen mussten. Eine Lichtflut von schier unerträglicher

Helligkeit drang hier auf sie ein.

Ischah schien daran gewöhnt, aber ihre Begleiter taumelten wie vom Blitz getroffen zurück.

Der grelle Glanz ging von einer mächtigen Feuersäule aus, die just inmitten der Höhle aus verborgenen Tiefen emporstieg, und diese war es auch, die das sausende und zischende Geräusch, eine Geraune, hervorbrachte.

Doch nur wenige Sekunden dauerte die Erscheinung. Ganz plötzlich und unvermittelt sank die Feuersäule in sich zusammen und erlosch. Trotzdem wurde es nicht völlig dunkel in der Höhle. Ein mattrötlicher Schimmer erfüllte den weiten Raum auch noch nach dem Versiegen der geheimnisvollen Lichtquelle.

„Tretet näher!", rief Ischah. „Tretet näher und schauet den Born und das pulsierende Herz, des Lebens der Göttin Hel! Dies ist der Stoff, dem alle Kräfte der Natur entspringen, das ist der Erdstrom, der nur für die Eingeweihten zugänglich ist. Tretet näher und badet mit mir in der lebenden Flamme! Lasst euch von ihr durchdringen, nehmt die Göttin auf in eure gebrechlichen Leiber – nicht wie jetzt, schwächlich glimmend, gedämpft und verdunkelt durch die zahllosen andern Existenzen, mit denen ihr sie teilen müsst, sondern reich und jungfräulich, wie sie hier entspringt am Urquell irdischer Zeugungskraft!"

Zögernd folgten die Drei ihrer hohen Führerin. Und wie sie sich dem Mittelpunkte der Höhle und der Stelle, wo die wirbelnde und raunende Feuersäule emporgestiegen war, näherten, überkam sie ein eigenartiges Gefühl; ein Gefühl der Heiterkeit und sinnlichen Gehobenheit, eine Art Rausch, der sie übermütig machte. Sie sahen einander an und lachten; selbst Job lachte, der seit einer Woche nicht mehr gelächelt hatte. Das war zweifellos die Wirkung einer belebenden Ausströmung des wahren Lebens, die auch nach dem Erlöschen der Flamme noch stattfand. Sie erschienen sich selbst wie verwandelt. Die Grenzen des Möglichen dünkten ihnen verschoben und das früher Unmögliche in den Bereich ihrer Macht gerückt. Und plötzlich, während sie noch immer staunend um sich blickten, erhob sich, wie aus weiter, weiter Ferne immer näher kommend, wieder jenes seltsame Geräusch. Lauter und immer lauter wurde die Schöpferstimme der Gottheit, bis es wie Donner auf sie eindrang. Gleichzeitig aber entstieg der Tiefe eine leuchtende Wolke, von grellen Blitzen durchzuckt, die immer rascher aufeinanderfolgten, bis das Ganze wieder zur wirbelnden Feuersäule geworden war, deren greller Schein die Umstehenden – Ischah ausgenommen – so blendete, dass sie zu Boden sanken und ihre Gesichter mit den Händen bedeckten.

Ischah aber trat ganz dicht an die Feuersäule heran. Als diese, nach einigen Minuten, abermals hinwegschwand, wandte sich die Verhüllte an Leo: „Jetzt, Geliebter, ist der Augenblick gekommen, dich zu entscheiden, ob du die Unsterblichkeit mit mir teilen willst! Sobald die Flamme des Lebens wiederkehrt, musst du mitten in sie hineintreten. Zuerst lege deine Kleider ab, denn ihre potenzierte Kraft würde sie verbrennen. Und wenn du dann in der Flamme stehst, so lass deinen ganzen Körper von ihr umspülen und sauge das schöpferische Feuer in dein Innerstes ein, um ganz von der lebenspendenden Kraft durchdrungen zu werden. Verstehst du mich, o Kallikrates?"

„Ich höre und verstehe dich, Ischah", lautete die Antwort. „Jedoch – obgleich ich kein Feigling bin – ich traue diesem verzehrenden Element nicht. Wie kann ich wissen, ob es mich nicht gänzlich zerstören wird, so dass ich selbst zugrunde gehe und obendrein auch dich verliere? Immerhin", fügte er hinzu, „ich bin zu dem Wagnis bereit."

Ischah dachte eine Weile nach, dann sagte sie: „Es ist kein Wagnis, o Kallikrates, und dein Zweifel ist gänzlich unbegründet. Nun höre aber, wenn du mich in der Flamme stehen und unversehrt daraus hervorgehen siehst, wirst du dann überzeugt sein?"

„So oder so", erwiderte der junge Mann. „Ich bin entschlossen, erfolge daraus, was da wolle!"

„Und ich auch", fiel Frank Holly ein. „Auch ich will durch die Flamme der Unsterblichkeit teilhaftig werden!"

„Siehe da, Holly!", versetzte Ischah lachend. „Ich glaube aber doch, mich aus einer unserer Unterredungen zu erinnern, dass du noch vor Kurzem keinerlei Verlangen nach Verlängerung deines Lebens hattest!"

„Das mag sein, o Königin. Aber jetzt ist dieses Verlangen in mir erwacht, und wenn du mir gestattest."

„Niemand, Holly, wird dich daran hindern. Und nun will ich euch mit meinem Beispiele vorangehen. Zum zweiten Male will ich mich in der Flamme des Lebens baden, ob vielleicht es mir gelinge, meine Reize noch zu erhöhen, meiner Lebenszeit noch weitere Jahrtausende hinzuzufügen. Und falls das unmöglich wäre, so wird das Bad mir doch sicherlich keinen Schaden tun."

Nach diesen Worten schickte sie sich an, sich zu entkleiden. Sie löste den goldenen Gürtel, der die Gestalt einer Schlange hatte, und die edelsteingeschmückten Spangen, welche ihr Gewand über den Achseln zusammenhielten. Die leichten Hüllen glitten zu Boden und Ischah stand nackt da, den herrlichen Leib nur von ihrem langen, reichen Haar umwallt, das sie wie ein Mantel aus schwarzem Samt umgab.

„Ich habe noch einen zweiten, tieferen Grund, mich noch einmal diesem Feuer anzuvertrauen", fuhr sie fort, während unsere Freunde sie in ihrer hüllenlosen Schönheit wie eine Erscheinung aus einer höheren Welt anstarrten. „Als ich das erste Mal seine Kraft an mir erprobte, war mein Herz erfüllt von Leidenschaft, und von Hass gegen jene Ägypterin Amenartas, und deshalb – wie sehr ich mich auch dagegen sträubte – haben Hass und Leidenschaft meiner Seele ihre Siegel aufgedrückt bis zu dieser Stunde. Heute aber ist alles anders. Heute ist mein Gemüt heiter und ruhlg, das ist wichtig, um die Reinheit noch besser aufzunehmen, und ich möchte, dass es für immer so bleibe. Deshalb also vor allem, o Kallikrates, will ich mich noch einmal in der Flamme baden, um rein zu werden, rein und würdig deiner, o mein Geliebter! Und nun – hörst du bereits das Geräusch, den Schöpferton der Hel, welches die Wiederkehr der Flamme ankündigt? – bevor ich´s tue, lass mich dich, noch einmal küssen!"

Sie trat ganz dicht an Leo heran und schlang beide Arme um seinen Nacken.

„Oh, mein Liebling! Mein Geliebter!", flüsterte sie. „Wirst du jemals erkennen, wie sehr ich dich allezeit geliebt habe?"

Sie küsste ihn auf den Mund und Leo erwiderte den Kuss mit einer Innigkeit, die deutlicher als Worte bekundete, dass ihre Leidenschaft auch ihn angesteckt hatte.

Endlich löste Ischah die Umarmung und kehrte auf den Platz zurück, wo die elektromagnetische Feuersäule aus der Tiefe hervorbrechen musste. Schon waren die ersten Anzeichen da: Das sausende Geräusch, die leichte, leuchtende Rauchsäule in der es hell aufblitzte.

Und jetzt – wie lebendige Schlangen züngelten die ersten, rasch aufwachsenden Flammen an der nackten, schlanken Gestalt empor, vereinigten sich und schlugen über ihrem Haupte zusammen.

Ischah stand ganz still inmitten der Flamme, mit einem himmlischen Lächeln auf den Lippen, völlig in Ekstase der Verzückung, als wäre sie selbst der Geist dieses Elementes. Und das Feuer umspielte ihr wie kosend Knie und Hüften und Brüste und Schultern ...

Oh, wie wunderschön sie in der verklärenden Flamme aussah! Kein Engel vom Himmel konnte lieblicher und bezaubernder aussehen.

Doch plötzlich – Himmel, was war das? – kam eine Veränderung über ihr

Antlitz, eine unheimliche Veränderung, welche die Zuschauer sich nicht zu erklären vermochten. Das Lächeln verschwand von ihren Lippen und an seine Stelle trat ein harter, gequälter Zug. Der strahlende Blick ihrer Augen erlosch, auf ihren glatten Wangen zeigten sich Runzeln und die ganze, eben noch so vollendete Gestalt, schien ihre königliche Haltung einzubüßen.

Onkel Frank und Leo sahen einander ganz bestürzt an. Waren sie beide das Opfer einer Halluzination oder einer optischen Täuschung?

Bevor sie sich noch darüber klar zu werden vermochten, begann die Flamme des Lebens wieder zu sinken. Sobald sie erloschen und das sie begleitende Geräusch verstummt war, verließ Ischah ihren Platz, um sich Leo zu nähern, und dabei zeigte sich unverkennbar, dass auch ihr Schritt nicht mehr die frühere Elastizität besaß. Sie streckte ihre Hand aus und legte sie auf Leos Schulter. Aber Leo schrak vor ihr zurück. Sein Blick war auf ihren Arm gefallen und siehe! Wo war die frühere Rundung und Schönheit geblieben? Er starrte ihr ins Gesicht und machte eine weitere grauenvolle Entdeckung: Ischahs Gesicht wurde zusehends älter, hässlicher!

„Was ist dir, Kallikrates?", fragte Ischah, die sich sein Verhalten offenbar nicht zu deuten vermochte. Aber der gebrochene Klang ihrer Stimme vervollständigte nur noch den niederschmetternden Eindruck.

„Was ist das?", wiederholte sie bestürzt. „Ich fühle mich matt und elend! Sicherlich, die Beschaffenheit des heiligen Feuers kann sich nicht verändert haben. Der Urquell des Lebens kann keine Trübung erleiden. Sag mir, Kallikrates, was ist das mit meinen Augen? Ich sehe alles wie durch einen Nebel! Und mein Haar ist so schwer."

Sie griff sich an den Kopf und berührte das Haar und da – oh Schauder! – die ganze schwere, dunkle Masse löste sich los und fiel zu Boden.

„Wehe!" schrie in diesem Moment Job auf. „Schaut hin! Sie schrumpft zusammen! Sie verwandelt sich in einen Affen!"

Job's Stimme klang schrill vor Entsetzen. Seine Augen traten aus den Höhlen und Schaum zeigte sich auf seinen Lippen.

„Schaut hin!", schrie er nochmals. „Schaut was aus ihr geworden ist! Wehe oh wehe!" Er stürzte zu Boden und blieb besinnungslos liegen.

Aber, was er gesagt hatte, bestätigte sich: Die Gestalt des Weibes schrumpfte zusehends zusammen. Ihre Haut veränderte die Farbe und aus dem strahlenden Weiß wurde ein schmutziges Braun und Gelb. Schon jetzt glich sie einem Skelett, mit Pergament überzogen. Noch einmal erhob sie ihre Hand, die zu einem missgestalteten Ding geworden ist, und griff sich an die Stirn. Und in diesem Augenblick erst schien sie sich der Wandlung, die mit ihr vor sich gegangen war, bewusst zu werden. Gellend kreischte sie auf, stürzte nieder und begann kreischend sich am Boden zu wälzen. Und während dem machte die Zerstörung immer weitere Fortschritte. Immer mehr schrumpfte sie ein, bis sie nur noch etwa so groß war wie ein Pavian. Zugleich faltete sich ihre Haut in unzählige Runzeln und das ausdruckslose Gesicht zeigte den Stempel unvordenklichen Alters. Kein menschliches Auge mag je dergleichen gesehen haben. Die griechische Sage erzählt von Tithon, dem Gatten der Eos, dass die Göttin, die für ihn ewiges Leben erbeten, aber vergessen hatte, ihm auch ewige Jugend zu verschaffen. Da schrumpfte er mit zunehmendem Alter zusammen und wurde zu einem Scheusal von abschreckender Hässlichkeit.

Ischah, in ihrem jetzigen Zustande, bot dasselbe Schauspiel, welches umso grausiger war, da bei dem Zusammenschrumpfen des Körpers der kahle Schädel ungefähr seine ursprüngliche Größe bewahrt hatte.

Allmählich wurde ihr herzzerreißendes Schreien schwächer, und endlich lag sie fast regungslos da, nur noch kaum hörbar vor sich hin wimmernd. Es war klar, dass sie im Sterben war, und Onkel Frank und Leo dankten dem Himmel, dass sie starb. Denn solange sie lebte, musste sie fühlen und empfinden – maßlose Pein, Qualen der Hölle!

Sie richtete sich auf den Händen auf und blinzelte um sich, während sie ihren Kopf von einer Seite zur andern bewegte, wie Schildkröten es tun pflegen. Sie konnte nichts mehr sehen, denn ihre Augäpfel hatten sich mit einer Art Hornhaut bedeckt. Aber noch konnte sie sprechen.

„Kallikrates", jammerte sie mit gebrochener Stimme, „vergiss mein nicht, o Kallikrates! Habe Erbarmen mit meiner Schande! Ich werde wiederkehren und wieder schön sein – ich schwöre dir, es ist wahr – Oh –..."

Ihr letzter Atem verhauchte, sie fiel auf ihr Antlitz und regte sich nicht mehr.

An derselben Stelle, wo vor mehr als zwanzig Jahrhunderten sie den Priester Kallikrates getötet hatte, wurde sie selbst nun von dem gerechten und ausgleichendem Schicksal erreicht. Überwältigt von dem Grauen dieses grauenhaften Erlebnisses stürzten auch die drei Männer, welche Zeugen des furchtbaren Ausganges gewesen waren, auf den steinigen Boden nieder und verloren das Bewusstsein.

Schluss.

„Ich weiß nicht", sagte Frank Holly, dessen Erzählung ich vorstehend wiedergegeben und dem ich nun für den Abschluss selbst das Wort erteile, „wie lange wir dort liegen blieben. Viele Stunden, glaube ich. Als ich endlich die Augen aufschlug, fand ich meine beiden Gefährten noch immer auf dem Boden ausgestreckt. Noch immer erfüllte rosiges Licht, wie ein himmlisches Morgenrot, die weite Höhle, und das Donnergeräusch der göttlichen Flamme, des Lebens hallte von den Wänden wieder. Die wirbelnde Feuersäule war eben wieder im Begriffe, in die Tiefe zu verschwinden. Und da lag auch die scheußliche kleine Affengestalt, bedeckt mit verschrumpfter gelblicher Pergamenthaut, die vor Kurzem noch die herrliche Ischah gewesen ist. Ach, es war kein hässlicher Traum, sondern Wahrheit, entsetzliche Wahrheit!

Was war geschehen, das diese Veränderung zustande gebracht hatte? Hatte die Natur des lebengebenden Feuers, die Gottheit, gewechselt? Sandte es vielleicht von Zeit zu Zeit bewusst ein Fluidum der Vernichtung aus, anstatt des Lebens? Oder verhielt es sich etwa so, dass der Leib, der einmal seine wunderbare Wirkung erfahren, ein zweites Mal sie nicht mehr vertrug? Dass, wenn das Bad wiederholt wurde – gleichgültig, wie viel Zeit dazwischen verstrichen war – die beiden Impregnationen sich gegenseitig aufhoben, sodass der Körper, auf den sie einwirkten, wieder wurde wie er zuvor gewesen war, bevor er mit der Flamme des Lebens in Berührung gekommen ist? Diese Annahme allein vermochte auch das plötzliche Altern zu erklären; war es doch gewesen, als ob ein Augenblick die Wirkung der ganzen von Ischah durchlebten Jahrtausende an ihr nachgeholt habe.

Oftmals seit jener schrecklichen Stunde ist es mir zum Bewusstsein gekommen, wie deutlich in dieser Sache das Walten einer göttlichen Vorsehung zu erkennen war. Solange Ischah, lebendig begraben in den Höhlen von Kor, von Jahrhundert zu Jahrhundert der Wiederkehr ihres Geliebten harrte, war sie ungefährlich und unschädlich für die Weltordnung. Aber dieselbe Ischah, stark und glücklich durch ihre Liebe, bekleidet mit unsterblicher Jugend und göttergleicher Schönheit, ausgerüstet mit der Macht übermenschlicher Weisheit, würde die bestehende Gesellschaftsordnung gestürzt und der Entwicklung der Menschheit willkürlich eine neue Richtung gegeben haben. So musste sie in Widerstreit mit einem ewigen Gesetz kommen und, wie stark sie auch sein mochte, das Schicksal war stärker und stürzte sie ins Nichts zurück.

Minutenlang lag ich so da, diese Schrecken in meinem Geiste überdenkend, bis die physische Kraft zu mir zurückkehrte, was in dieser lebensschwangeren Atmosphäre ziemlich rasch geschah. Dann erinnerte ich mich wieder der anderen und erhob mich, um zu sehen, ob ich auch sie wieder auf die Beine bringen könnte. Vorher nahm ich noch Ischahs Schleiergewand, mit welchem sie ihre Schönheit unberufenen Blicken zu verhüllen pflegte, vom Boden auf und deckte es über die entstellte Tote. Ich tat dies hastig, denn ich fürchtete, Leo könnte, wenn er zu sich kam, durch den grässlichen Anblick aufs Neue erschreckt werden.

Als ich zu Job trat, der mit dem Gesicht nach unten dalag, und versuchte, ihn umzudrehen, erkannte ich sofort, dass er tot war. Ein Blick in die erstarrten Züge genügte, das festzustellen. Seine Nerven, die durch all das, was er in der letzten Zeit mitgemacht hatte, waren bereits zerrüttet gewesen, hatten diesem letzten, furchtbaren Erlebnis nicht standzuhalten vermocht. Der Schrecken hatte ihn getötet.

Das war ein harter Schlag, aber – und daraus können Sie ersehen, wie sehr wir seelisch abgestumpft waren – wir empfanden es kaum. Es erschien uns beinahe als etwas Selbstverständliches, dass der arme alte Bursche hatte dran glauben müssen. Als Leo etwa zehn Minuten später unter Stöhnen und Gliederzucken wieder zu sich kam und ich ihm mitteilte, dass Job tot sei, sagte er nur: Oh, wirklich? – Und das war, glauben Sie mir, nicht etwa Herzlosigkeit, denn er und Job waren einander sehr zugetan gewesen und noch heute spricht er oft von ihm mit dem tiefsten Bedauern. Aber damals war er eben am Ende seiner Gefühlsfähigkeiten angelangt. Eine Harfe hat ihre bestimmte Tonstärke und klingt nicht lauter, wenn man sie noch so heftig anschlägt.

Also gut, ich bemühte mich um Leo, der zu meiner großen Freude nicht tot war, sondern nur ohnmächtig, und es gelang mir, wie gesagt, ihn zum Bewusstsein zurückzubringen. Jedoch, als er sich aufrichtete, machte ich noch eine schlimme Entdeckung: Vor unserem Eintritt in diese Höhle war sein lockiges Haar goldblond gewesen. Jetzt zeigte es sich leicht ergraut, und einige Stunden später, als wir wieder ins Freie gelangten, war es schneeweiß. Mein armer Neffe sah aus, als wäre er um zwanzig Jahre gealtert.

„Was soll nun geschehen, Onkel?", begann er mit seltsam ausgehöhlter Stimme, nachdem sein Geist sich ein wenig gesammelt hatte und sein Erinnerungsvermögen zurückgekehrt war.

„Ich denke, wir versuchen, so rasch als möglich hinauszukommen", erwiderte ich „außer du hast die Absicht, dort hineinzugehen." Ich deutete auf die Feuersäule, die eben wieder zurückkehrte.

„Ich würde es tun", sagte er, „wenn ich sicher wüsste, dass das Feuer mich tötet. Denn, siehst du, es war mein verdammtes Zögern, welches all dies verschuldet hat! Hätte ich keinen Zweifel geäußert, so würde sie nicht versucht haben, mir den Weg zu weisen. Übrigens, wer weiß. Möglicherweise würde die Flamme auf mich die entgegengesetzte Wirkung ausüben.: Und wenn sie mich auch unsterblich machte – ich wurde nicht die Geduld aufbringen, so lange Jahrtausende auf Ischahs Wiederkehr zu warten, wie sie dies für mich tat. Besser wahrlich zu sterben, wenn meine Stunde schlägt (und diese scheint nicht mehr ferne zu sein) und ihr ins Jenseits nachzufolgen. Versuche du es mit dem Feuer, wenn du willst!"

Aber ich schüttelte den Kopf. Der Wunsch, meine Tage zu verlängern, war in mir erstorben, und außerdem: Keiner von uns konnte wissen, was die Wirkung des göttlichen Feuers sein würde. Ischahs Beispiel war nichts weniger als ermutigend und wir hatten keine Ahnung, auf welche Ursachen die zerstörende Wirkung zurückzuführen war. Wir waren keine Eingeweihten!

„Also auf, lieber Junge!", sagte ich. „Wir können nicht hier bleiben, bis wir das Schicksal dieser Beiden teilen", und ich deutete auf das kleine Häuflein unter dem weißen Gewand und auf den erkaltenden Leichnam des armen Job. „Machen wir uns so rasch als möglich von hinnen! Übrigens, mir scheint, die Lampen sind leergebrannt."

So war es auch.

„Es wird wohl noch etwas Öl in dem Krug sein", sagte Leo gleichgültig. „Das heißt, falls er nicht zerbrochen ist."

Der Krug war nicht zerbrochen und mit zitternder Hand füllte ich beide Lampen nach, in denen zum Glück auch noch genügend Docht vorhanden war. Dann zündete ich sie mit einem Wachsstreichholze an. Während ich noch damit beschäftigt war, hörten wir noch einmal das Herannahen der Feuersäule, deren Ausbruch und Erlöschen sich ohne Ende wiederholte - vorausgesetzt, dass es dieselbe Feuersäule war, die da immer wiederkehrte.

„Sehen wir sie uns noch einmal an", sagte Leo. „Wir werden Zeit unseres Lebens ihren Anblick nicht mehr haben."

Das war freilich müßige Neugier, von der aber auch ich nicht ganz frei war. Und so harrten wir denn, bis sie kam, um ihre Achse wirbelnd, und wieder dahin sank. Durch wie viele Jahrtausende wohl, dachte ich bei mir, mochte dies Phänomen hier in den Eingeweiden der Erde sich wiederholt haben?

Und durch wie viele Jahrtausende würde es sich in Zukunft noch wiederholen? Und würde jemals noch ein Sterblicher Augenzeuge davon werden oder eines Sterblichen Ohr ihrem Donnergeräusch lauschen? Das war wenig wahrscheinlich. Ich glaube vielmehr, dass wir die Letzten waren, denen der wundervolle Anblick von Hels Manifestation zuteil geworden war. Und nun war es verschwunden und wir wandten uns zum Gehen.

Jedoch bevor wir die Stätte verließen, beugten wir uns noch einmal über Jobs Leichnam. und drückten seine kalte Hand. Das Häuflein unter dem weißen Gewande deckten wir nicht mehr auf. Wir wollten uns den traurigen Anblick ersparen. Aber von Ischahs dunkler Haarfülle, die zu Beginn der schrecklichen Verwandlung von ihr abgefallen war, nahmen. wir uns jeder eine Strähne, und diese Haarsträhnen besitzen wir noch heute – die einzige Erinnerung an Ischah, die wir in der Fülle ihrer Macht und Schönheit gesehen haben. Leo presste das duftende Haar an seine Lippen.

„Sie rief mir zu, ich solle sie nicht vergessen", sagte er, „und sie schwor, dass wir einander wieder begegnen wurden. Ja, beim Himmel, ich will sie niemals vergessen. Ich schwöre, dass ich – wenn wir lebend von hier herauskommen – für den Rest meiner Tage mit keinem anderen lebenden Weib etwas, zu tun haben will, und dass ich überall und allzeit ebenso getreulich ihrer harren will, wie sie meiner geharrt hat!"

Jawohl, dachte ich bei mir, wenn sie so schön zurückkehrt, wie wir sie gekannt haben. Aber gesetzt den Fall, sie käme so zurück …

Und dann gingen wir endlich. Wir passierten Höhlen und Gänge ohne Hindernis, aber als wir an den Abgrund gelangten, in den das Brett hinabgefallen war, das allein den Übergang von hüben nach drüben ermöglicht hätte, standen wir zunächst ratlos. Wenn überhaupt, dann gab, es hier nur eine einzige Möglichkeit: Wir mussten über den Abgrund springen und unser Leben dabei riskieren. Aber unser Leben war auch dann verloren, wenn wir den Sprung nicht wagten.

Der Abstand an sich war gar nicht einmal so groß. Nur etwa elf oder zwölf Fuß, und ich hatte Leo in seinen jüngeren Jahren schon weiter springen sehen. Aber denken Sie an die besonderen Umstände. Als wir dort an dem Abgrund standen, waren wir beide ziemlich erschöpft. Dazu kam noch die Dunkelheit, welche nicht einmal gestattete, den gegenüberliegenden Rand deutlich zu erkennen.

Nein, in dieser Dunkelheit konnten wir den Sprung nicht unternehmen. Wir mussten warten bis bei Sonnenuntergang jener Lichtstrahl von der

Außenwelt hereindrang, der uns schon einmal geholfen hatte. Leider hatte keiner von uns eine Ahnung, wie nahe oder wie fern der Sonnenuntergang sein mochte. Wir wussten nur, dass das Licht, wenn es endlich kam, nur wenige Minuten andauerte, die unbedingt ausgenützt werden mussten. Um also sofort bereit zu sein, lagerten wir uns dicht am Rande des Abgrundes. Wir lagen oder hockten daselbst Stunde um Stunde in einer ganz unbeschreiblichen Seelenverfassung. Lagen und lauschten den schrecklichen Stimmen des Tartarus, die der von außen kommende Luftzug wachrief. Kein Alptraum, den je ein Mensch geträumt und keine noch so ausschweifende Phantasie eines Romanschriftstellers sind imstande, Schrecken vorzugaukeln, welche diesen wirklichen auch nur halbwegs nahe kämen. Zum Glück war die Temperatur nicht sehr niedrig. Der Luftzug war warm, sonst wären wir elend zugrunde gegangen.

Wir vermochten die Zeit nicht abzuschätzen, wie lange wir so in banger Erwartung auf dem Felsen hockten, als plötzlich, ohne das geringste warnende Vorzeichen, der Lichtstrahl da war. Das leuchtende Schwert bohrte die Finsternis durch und durch und seine Spitze ruhte just auf dem gegenüberliegenden Rand des Abgrundes.

„Nun vorwärts!", rief Leo. Es gilt jetzt oder nie!"

Wir erhoben und streckten uns und starrten in das blendende Licht, verzweifelnd im Herzen, denn der Tod schien uns gewiss.

„Wer soll zuerst springen?", fragte ich. „Du, Onkel", antwortete Leo. „Nimm Anlauf, soweit es geht, und Gott sei uns gnädig!"

Ich nickte zustimmend und dann tat ich etwas, was ich nimmer getan hatte, seit Leo den Kinderschuhen entwachsen war. Ich wandte mich zu ihm, umarmte ihn und küsste ihn auf die Stirn. So nahm ich Abschied von dem Manne, den ich nicht mehr geliebt haben könnte, wenn er mein eigener Sohn gewesen wäre.

„Lebe wohl, mein Junge", sagte ich zu ihm. „Ich hoffe auf ein Wiedersehen, wohin immer wir auch gehen mögen."

Tatsächlich war ich überzeugt, dass mein Leben nur mehr nach Minuten zählte. Nun trat ich zurück, so weit es die hinter uns befindliche Felswand gestattete. Ich empfahl meine Seele Gott, rannte vorwärts und sprang.

Oh, mein Freund, das war ein schreckliches Gefühl, als ich so in der Luft schwebte" Oh, und das Gefühl äußerster Verzweiflung, das mein Hirn und alle meine Nerven durchzuckte, als ich merkte, dass ich zu kurz gesprungen war.

Ja, so war es wirklich! Meine Füße erreichten nicht den Rand des

Abgrundes. Sie glitten ins Leere, und nur meine Hände und mein Oberkörper berührten den festen Boden. Mit einem Aufschrei versuchte ich mich am Rande anzuklammern, aber dies gelang mir nur mit einer Hand, mit der rechten. Die linke Hand glitt ab und mein Körper drehte sich, sodass ich den gegenüberliegenden Felsen vor mir sah, von welchem ich abgesprungen war. Verzweifelt tastete ich nach einem sicheren Halt. Schließlich gelang es mir, auch mit der Linken einen Vorsprung zu erfassen, und da hing ich nun in der grellen Beleuchtung des Sonnenstrahls, über einer gähnenden Tiefe von mehr als tausend Fuß. Mich vollends auf den Rand zu schwingen, war unmöglich. Meine Kraft reichte dazu nicht mehr aus. Alles was ich tun konnte, war, etwa eine Minute lang hängen bleiben und dann loszulassen und hinabzustürzen. Können Sie sich eine schlimmere Situation vorstellen? Ich kann nur sagen, dass die Qual dieser Minute mich beinahe wahnsinnig machte.

Da hörte ich plötzlich einen Schrei und sah Leo herüberspringen. Es war ein Sprung, der einer Gämse Ehre gemacht hätte. Angst und Verzweiflung mussten ihm übermenschliche Kräfte verliehen haben, denn er nahm den Abgrund, als ob es nichts wäre. Und im nächsten Augenblick schon fühlte ich, wie Leos beide Hände mein rechtes Handgelenk umklammerten: Er hatte sich, kaum auf dem festen Boden angelangt, platt niedergelegt und konnte mich gerade noch erreichen.

„Achtung!", schrie er mir zu. „Du musst jetzt loslassen, damit ich dich heraufziehen kann, oder – wir stürzen beide ab. Bist du bereit?"

Statt aller Antwort ließ ich los – zuerst die linke, dann die rechte Hand, und hing nun mit meinem ganzen Gewicht an Leos Arm. Das war wiederum ein sehr ungemütlicher Augenblick. Leo war ein kräftiger Mann, das wusste ich und er hatte es soeben durch seinen Sprung bewiesen. Aber würde seine Kraft ausreichen, mich zu sich emporzuziehen?

Einige Sekunden pendelte ich hin und her, während sich Leo zur letzten Anstrengung vorbereitete. Dann hörte ich seine Sehnen knacken über mir und fühlte mich hochgehoben, als ob ich ein kleines Kind wäre.

Es war gelungen! Und nun lagen wir Seite an Seite auf dem harten Stein, wie Espenlaub zitternd und mit kaltem Schweiß bedeckt. Und in demselben Augenblick erlosch der Lichtstrahl, wie eine Lampe, die der Wind ausbläst. Mindestens eine halbe Stunde lagen wir so da, ohne ein Wort zu wechseln. Dann endlich vermochten wir uns aufzuraffen, um den Weg ins Freie anzutreten. Dabei waren wir gänzlich auf unseren Instinkt angewiesen. Denn wir hatten keine Lampen mehr, um uns zu orientieren, und in der

Finsternis rannten wir immer wieder gegen die Felswände und stolperten über die im Wege liegenden großen Steine, sodass wir bald aus zahlreichen Wunden bluteten. Dazu die Angst, wir könnten in diesem Labyrinth unterirdischer Gänge und Tunnels die Richtung verfehlen, und anstatt ins Freie nur tiefer ins Innere des Berges geraten, wo wir elend verschmachten müssten.

Aber nein, ein gütiges Geschick waltete über uns und endlich, als wir schon nahe daran waren, alle Hoffnung aufzugeben, erblickten wir den ersten Schimmer des Tageslichtes. Es war früher Morgen. Wir erkannten das an der süßen Frische der Luft und dem Anblick des Himmels, den wiederzusehen wir kaum mehr erwartet hatten. Da wir ungefähr eine Stunde nach Sonnenuntergang unsere Wanderung angetreten hatten, so folgte daraus, dass wir die ganze Nacht gebraucht hatten, diesen Weg zurückzulegen. Und jetzt waren wir beinahe erschöpft.

„Nur noch eine allerletzte Anstrengung, Leo", keuchte ich. „Wir müssen noch den Felsen erreichen, wo Billali ist, wenn er sich nicht davon gemacht hat."

Diese Befürchtung erwies sich indes als grundlos. Billali, der offenbar bereits Ausschau gehalten hatte, kam uns jubelnd entgegen.

„Oh, mein Sohn, mein Sohn!", rief er. „Seid ihr es wirklich? Aber was ist das? Dieses Jünglings Haar, das die Farbe des reifen Korns hatte, ist jetzt so weiß wie Schnee. Wo kommt ihr her? Wo ist euer Diener? Und wo ist sie, die Verhüllte?"

„Tot!", antwortete ich. „Sie sind beide tot. Aber frage jetzt nicht weiter. Gib uns Speise und Trank, sonst sterben wir gleichfalls, vor deinen Augen. Siehst du nicht, dass unsere Zungen schwarz sind vor Durst? Wie können wir da sprechen und erzählen?"

„Tot?", stöhnte Billali entsetzt. „Aber das kann ja nicht sein! Sie, die Unsterbliche ... tot? Unmöglich!" In diesem Augenblick kamen einige der stummen Diener herbeigerannt und der Alte nahm sich zusammen, um sie nichts merken zu lassen. Er gab Befehl, uns nach dem Lager zu führen, wo wir aßen und tranken und unsere Wunden verbanden. Wenige Minuten später fielen wir, auf dem Rasen ausgestreckt, in den tiefen Schlaf der Erschöpfung.

Als ich nach vielen Stunden die Augen wieder aufschlug, fiel mein erster Blick auf Billali, der an meiner Seite saß und seinen langen weißen Bart strich. Mein zweiter Blick fiel auf Leo, und der Anblick seines weiß gewordenen Haares brachte mir die Erinnerung zurück. Ich stöhnte schmerzlich auf und schloss die Augen wieder.

„Lange, mein Sohn, hast du geschlafen", hörte ich den Alten sagen. „Eine Runde der Sonne und eine des Mondes, einen ganzen Tag und eine ganze Nacht hast du geschlafen: Und siehe, dein Neffe schläft noch immer!"

„Gesegnet ist der Schlaf", erwiderte ich, „denn er bannt die Erinnerung!"

„Erzähle mir nun," drängte Billali, „was geschehen ist. Was ist das für eine unglaubliche Sache mit dem Tode der Verhüllten, die doch unsterblich ist? Bedenk es wohl, mein Sohn: Hast du die Wahrheit gesprochen, dann seid ihr, du und Leo, in größter Gefahr. Jawohl, dann ist, sozusagen der Topf schon glühend, mit dem ihr getöpft werden sollt, und die Magen derjenigen, die euch verzehren werden, sind bereits hungrig für das Festmahl. Weißt du nicht, dass diese Amgabal meine bösen Kinder, die Höhlenbewohner, euch hassen? Sie hassen euch, weil ihr Fremde seid, und sie hassen euch noch mehr um ihrer Brüder willen, welche die Verhüllte euretwegen der Tortur überliefert hat. Sei versichert, sobald sie merken, dass sie von ihr nichts mehr zu fürchten haben, werden sie euch töpfen. Und nun, mein Sohn, lass mich deinen Bericht hören."

Ich kam also seiner Aufforderung nach und erzählte ihm, was ich für gut hielt – nicht alles in der Tat, denn manches, was wir erlebt hatten, musste geradezu sein Fassungsvermögen überschreiten. Trotzdem gelang es mir nicht ganz, ihn von Ischahs Tod zu überzeugen. Er bestand darauf, dass wir sie nur für tot hielten. Sie mochte sich wohl entschlossen haben, für einige Zeit verborgen zu bleiben, wie sie dies schon einmal getan hat. Damals, sagte er, zur Zeit seines Vaters, war sie für zwölf Jahre verschwunden, und ein andermal, Jahrhunderte früher, wie die Tradition berichtete, für ein ganzes Menschenalter. Und dann war sie plötzlich wieder erschienen und hatte ein Weib vernichtet, die es gewagt, den Thron der Königin einzunehmen. Ich sagte nichts dazu, sondern schüttelte nur den Kopf. Ach, ich wusste nur allzu gut, dass Ischah nicht wieder erscheinen, oder wenigstens, dass Billali sie nicht wiedersehen würde.

„Und nun", schloss der Alte, „was gedenkst du zu tun, mein Sohn?"

„Ich weiß es nicht", entgegnete ich. „Gibt es kein Entrinnen aus diesem Lande?"

Er schüttelte den Kopf.

„Das ist sehr schwer", sagte er. „Den Weg über Kor könnt ihr nicht nehmen, weil man euch sehen würde. Und sobald dieses Räubervolk herausfindet, dass ihr allein seid, na", er lächelte bezeichnend und machte eine Bewegung, als stülpe er einen Topf auf sein Haupt. „Aber es gibt einen anderen Weg über den Felsabhang, wo das Vieh weidet. Jenseits der Weideplätze sind dann noch drei Tagreisen durch Sumpfland, und hinter diesem – ich weiß es nicht sicher, aber ich habe gehört, dass dort ein mächtiger Strom fließt, der in das Meer mündet. Könntet ihr diesen erreichen, so seid ihr gerettet. Aber wie könnt ihr ihn erreichen?"

„Billali", sagte ich, „erinnere dich, dass ich dir einmal das Leben gerettet habe. Jetzt zahle die Schuld zurück, mein Vater, und rette das meinige und das meines Neffen! Es wird ein Trost für dich sein in deiner Todesstunde, und eine gewichtige Tat, um der Wagschale deiner Sünden – wenn du solche begangen hast – das Gegengewicht zu halten. Außerdem, falls du recht hast und die Königin sich nur verborgen hält, so wird sie, nach ihrer Rückkehr, dich sicherlich dafür belohnen."

„Mein Sohn", versetzte der Alte, „glaube ja nicht, dass ich undankbaren Herzens sei. Ich erinnere mich recht wohl daran, wie du mich aus dem Sumpfe fischtest, während diese Hunde müßig dabeistanden. Maß für Maß will ich dir geben, und wenn überhaupt eure Rettung im Bereiche der Möglichkeit liegt, so will ich euch retten. Höre also mein Sohn: Morgen beim Tagesgrauen seid bereit! Die Sänften werden da sein, um euch über die Berge und durch das Sumpfland zu tragen. Ich werde sagen, es sei Befehl der Verhüllten und wer nicht gehorcht, der werde den Hyänen zum Fraß vorgeworfen. Seid ihr durch die Sümpfe hindurch, so müsst ihr euch freilich dann auf eigene Faust weiterhelfen. Doch sieh, dein Neffe erwacht und nun werdet ihr gut tun, Mahlzeit zu halten."

Leo's Zustand nach dem Erwachen erwies sich als nicht so schlimm, wie man nach seinem Aussehen hätte erwarten können. Wir aßen die vorgesetzten Speisen und stiegen alsdann den Abhang hinab, um in einer daselbst zu Tage tretenden Quelle ein erfrischendes Bad zu nehmen. Dann schliefen wir wieder bis zum Abend und aßen nochmals für fünf.

Billali blieb den ganzen Tag fort, offenbar um Vorbereitungen für unsere Abreise zu treffen. Beim Morgengrauen kam er wieder zu uns und berichtete, dass es ihm unter Berufung auf den gefürchteten Namen der Königin gelungen sei, zwei Führer und die erforderlichen Träger aufzutreiben. Wir müssten aber sofort aufbrechen und er sei bereit, uns zu begleiten, um uns gegen Verrat zu schützen. Ich war gerührt von so viel Gute, die dieser alte Barbar uns hilflosen Fremdlingen entgegenbrachte. Denn eine dreitägige, oder vielmehr in seinem Falle – da er doch wieder zurückkehren musste – sechstägige Reise durch das gefährliche Sumpfland, war kein leichtes Unternehmen für einen Mann seines Alters.

117

Der Weg über die Berge erwies sich als äußerst beschwerlich. Gegen Mittag endlich erklommen wir einen Felsrücken, von welchem aus wir eine großartige Fernsicht über die Ebene von Kor genossen haben. Dort drüben ragten, inmitten des ungeheuren Ruinenleldes, die Säulen und Mauern des gigantischen Tempels der Wahrheit und dort weiter hinten, erstreckte sich bis zum Horizont hinan die endlose Steppe.

Dieser Felsenwall, der unzweifelhaft vor Zeiten den Kraterrand gebildet hatte, war noch über und über mit Lavabrocken bedeckt. Hier wuchs kein Grashalm, und das Einzige, was unser Auge erfreute, waren etliche Tümpel mit Regenwasser (denn es hatte unlängst geregnet), das sich in den Aushöhlungen des Bodens gesammelt hatte.

Jenseits des Felswalles begann unser Abstieg, der, wenn auch nicht so schwierig wie der Aufstieg, dennoch halsbrecherisch genug war und bis zum Hereinbruch der Nacht dauerte. Am Fuße des steilen Abhanges schlugen wir unser Nachtlager auf und schliefen, da wir uns vollkommen sicher fühlten, bis in den Tag hinein. Erst gegen elf Uhr vormittags machten wir uns wieder auf den Weg und traten die fürchterliche Reise durch das Sumpfland an.

Drei Tage lang, durch Schlamm und Morast und Fiebermiasmen, kämpften unsere Träger sich vorwärts. Am vierten Tage endlich hatten wir wieder festen Boden unter den Füßen. Aber auch dieses Land war unbebaut und beinahe vegetationslos. Hier nahm der alte Billali Abschied von uns:

„Leb´ wohl, mein Sohn!", sagte er feierlich, seinen langen, weißen Bart streichend, „und auch du, junger Löwe, leb´ wohl! Ich kann nicht mehr für euch tun. Doch wenn es euch gelingt, in eure Heimat zu kommen, so werdet klüger und hütet euch, je wieder Länder aufzusuchen, die ihr nicht kennt; sonst könnte es euch doch einmal widerfahren, dass ihr nicht mehr zurückkehrt und eure Gebeine auf dem Wege bleichen. Lebt wohl! Ich werde oftmals euer gedenken und auch ihr werdet mich wohl nicht so rasch vergessen."

Hierauf wandte er sich ab und ging und mit ihm gingen die mürrisch blickenden Träger. Wir schauten ihnen noch lange nach, wie sie mit den leeren Sänften dahinschritten, bis sie ferne in den Nebel verschwanden, der sich in dichten Schwaden über dem Sumpfland hinzog. Sie waren die letzten Amgabal, die wir sahen. Und nun standen wir allein da, trostlos allein in der ungeheuren Wildnis.

Drei Wochen zuvor hatten vier kräftige gesunde Männer, die Sümpfe von Kor betreten und nun waren zwei von uns tot, und wir beiden Überlebenden hatten so Entsetzliches durchgemacht, dass darüber selbst der Tod seine Schrecken für uns verloren hatte. Drei Wochen – nur drei Wochen! Fürwahr, die Zeit sollte nicht nach Stunden, sondern nach Begebenheiten und Erlebnissen gemessen werden! Uns war zumute, als wären nicht drei Wochen sondern dreißig Jahre vergangen, seit wir aus unserem Boote ans Land gestiegen waren.

„Wir müssen versuchen, an den Zambesi-Fluss zu gelangen, Leo", sagte ich. „Aber es ist mehr als zweifelhaft, ob uns das glücken wird."

Leo nickte. Er war in der letzten Zeit recht schweigsam geworden. Wir machten uns also auf den Weg. Unsere ganze Ausrüstung bestand in den Kleidern, die wir anhatten, einem Kompass, unseren Revolvern und Jagdgewehren und etlicher Munition.

*

Und damit, lieber Freund, endet eigentlich die Geschichte unseres Besuches im Lande der Amgabal und der Ruinenstätte des mächtigen und königlichen Kor. Denn was die Abenteuer anbetrifft, die wir in der Folge noch zu bestehen hatten, und die nicht minder seltsam und mannigfaltig waren, so gehören diese nicht mehr hierher und ihre Erzählung kann füglich für eine andere Gelegenheit aufgespart werden. Für heute begnüge dich, bitte, damit, zu erfahren dass wir nach harten Mühsalen und Entbehrungen schließlich doch den Zambesi erreichten, ungefähr hundertsiebzig Meilen südlich von der Stelle, wo der alte Billali uns verlassen hatte.

Doch ist dieses Ende unserer Geschichte anscheinend nur ein äußerliches, vielleicht auch nur ein vorläufiges. Denn ich habe das bestimmte Gefühl, dass eine Geschichte wie diese, deren Anfange Jahrtausende zurückliegen, nicht so plötzlich abbrechen kann, sondern geheime Fäden noch in die fernste Zukunft hineinspinnen mag. Wie viele Fragen wären noch zu beantworten, wie viele Rätsel noch zu lösen? Ist Leo wirklich die Reinkarnation jenes Kallikrates, von welchem der Papyrus berichtet? Kann sein! Oder wurde Ischah nur durch eine zufällige Ähnlichkeit getäuscht? Darüber, lieber Freund, mögen Sie sich Ihre eigene Meinung bilden, die meinige ist, dass Ischah recht hatte.

Weitere Bücher aus dem Christof Uiberreiter Verlag:

Das goldene Blatt der Weisheit
Seila Orienta/Franz Bardon

Zum ersten Mal in der okkulten Literatur wird die 4. Tarotkarte des Hermes Trismegistos verständlich beschrieben und offengelegt. Sie beinhaltet unbekannte Konzentrations- und Meditationsübungen. Des Weiteren gibt sie Hinweise und erklärt die Unterschiede zwischen Magie und Mystik und Gefahren des einseitigen Weges. Am Ende steht die Verbindung mit der universellen Gottheit, dem Herrn der Sonnensphäre, welcher quabbalistisch „Metatron" genannt wird.

*

5. Tarotkarte – Mysterien des Steins der Weisen
Seila Orienta/Franz Bardon

Dieses Buch stellt die Vorderseite der Alchemie dar, die die einzelnen praktischen Übungsschritte erklärt, ohne die verschlüsselten Mystifikationen der alten Alchemisten auch nur annähernd zu erwähnen, wie man es aus den anderen Büchern des Franz Bardon kennt. Es wird erklärt, dass ohne vollkommene Beherrschung der 4 Elemente keine Alchemie möglich ist. Des Weiteren wird mit den einzelnen Ebenen, mit den Matrizen, dem elektromagnetischen Fluid usw. gearbeitet. Doch den Hauptpunkt stellen die göttlichen Eigenschaften wie z. B. die Allmacht dar, mit denen der Göttliche Stein der Weisen durch gewisse Übungen geladen wird.

*

Talismanologie und Mantramkunde
Seila Orienta/Franz Bardon

Zum ersten Mal werden hier (magisch) geladene Mantrams – Gebetssätze – preisgegeben, welche bei nötiger Reife, Ausgeglichenheit und Reinheit durchdringende Erfolge versprechen. Mantrams sind ja nach Bardon nicht irgendwelche „Suggestionssätze", sondern sie sind Ideenausdrücke, mit denen man mit Mächten, Kräften, Eigenschaften, also Gottheiten, in Verbindung kommen kann. Gleichzeitig werden die dazugehörigen Siegelzeichen der göttlichen Ideen preisgegeben, welche im rituellen

Zusammenhang mit den Mantrams stehen. Ein Buch, das nicht nur die Hermetiker, sondern auch die Anhänger der Yogawissenschaften inspirieren wird!

*

Eine Sammlung der schönsten und lehrreichsten Beschwörungsgeschichten
Hohenstätten

Dieses Buch ist einzigartig, denn es zeigt den zweiten Band von Franz Bardon an Hand von interessanten Evokationsberichten, die genau das bestätigen, was Bardon in seinem Buch geschrieben hat, und noch darüber hinaus. Es werden sensationelle Erlebnisse geschildert, die man sonst niemals findet. Auch aus unveröffentlichten Schriften wird zitiert.

*

Verkörperungen des Meister Arion
Hohenstätten

Man wird beim Lesen dieses Buches nicht glauben, wie viele bekannte und unbekannte Inkarnationen Franz Bardon hatte. Die paar, die im „Frabato" bekannt gegeben wurden, stellen nur einen geringen Teil seiner Verkörperungen dar. Wir mussten, da es dermaßen wenig Literatur über die Verkörperungen gab, wieder Hunderte und Aberhunderte von Büchern, Aufsätzen, Zeitschriften und Artikeln durcharbeiten, bis wir genügend Material für dieses Buch hatten. Aber der Leser wird sich beim Lesen sicherlich über unsere Arbeit freuen, denn sie wird ihn in Erstaunen versetzen!

*

Shamballa, der goldene Tempel des Lichts
Hohenstätten

Dieser Tempel dürfte jeden Leser von Bardons Roman „Frabato" fasziniert haben. Dass es aber in der okkulten Literatur noch viel mehr Informationen darüber gibt, die man aber nur findet, wenn man alles Veröffentlichte gelesen hat, dürfte dem einen oder anderen unbekannt sein. Es wurden wieder ganze Stöße von Büchern durchgesehen und das Ergebnis wird hier veröffentlicht. Es wird aber gleichzeitig darauf hingewiesen, wie viel Schundliteratur es darüber gibt, wie viel Lügen im Umlauf sind, damit sich der Schüler der Hermetik ein klares Bild machen kann. Wir bringen in diesem Buch alles, was wir an Material darüber gefunden haben, und es wird auch noch einiges aus der eigenen Erfahrung, was das Wertvollste ist, mitgeteilt. Nicht nur über den Tempel wird berichtet, sondern auch über die damit verbundene „Bruderschaft des Lichts", deren Sitz er darstellt.

*

Auf der Suche nach Meister Arion
Hohenstätten

Diese Autobiographie eines Schülers der Hermetik des Franz Bardon schildert sein magisches Leben, in welchem zahlreiche Erfahrungen zu den Übungen aus dem Adepten geschildert werden, die die Hauptperson selbst erlebt hat. Es wird der schwere Weg des Adepten aus autobiographischer Sicht gezeigt, seine vielen Tiefschläge, aber auch seine glanzvollen Seiten und Zeiten. Der harte Kampf mit dem Seelenspiegel wird bis in alle Einzelheiten aufgezeigt, genauso wie die vielen anderen Wege, in welche der Autor reinschnupperte, um dadurch reichlich Erfahrung sammeln zu können. Darüber hinaus enthält es unzählige Erfahrungen und Berichte betreffs Mantramistik nach Bardon, die wahre Runenmagie, zahlreiche Evokationen sowie Invokationen mit seinem Lehrer Anion, einen magischen Exorzismus, wie er bisher noch nie öffentlich geschildert wurde. Mentalreisen, Beeinflussungen, Übungen zur Gottverbundenheit, Erscheinungen, Alchemie, Heilungen mit den verschiedensten magischen Methoden z. B. Quabbalah oder durch die Elemente, Schutzgeistevokationen und viele andere magische „Wunder" seines Freundes und Lehrers Anion. Auch einige magische Fotos in Farbe, ein bisher von Bardon unveröffentlichtes Akashafoto von Christus und ein Bild des schwebenden Meister Arion werden in diesem Buch preisgegeben. Der Inhalt ist viel reichlicher, als hier kurz beschrieben werden kann.

*

Magisches Gleichgewicht
Hohenstätten

Dieses Buch zeigt eindeutig, dass in allen anderen Systemen das „Gleichgewicht" genauso gebraucht wird, wie bei Bardons Werken. Er war nicht der Einzige, der das erwähnte, aber er war der erste, der es deutlich erklärte, denn die anderen Systeme sprachen nur durch das Symbol, welches nicht jedem Leser verständlich war. Obendrein bringen wir noch Unveröffentlichtes vom Meister Arion zu dieser Grundlage der magischen

Entwicklung.

*

Das Leben und die Erfahrungen eines wahren Hermetikers
Seila Orienta

Diese Autobiografie eines Magiers ist unübertroffen, denn bis jetzt hat kein einziger okkult Geschulter so offen und ehrlich gesprochen wie Seila Orienta. Er gibt in diesem Werk sein Leben bekannt sowie seine zahlreichen und äußerst interessanten Erlebnisse und Erfahrungen. Es werden auch zum ersten Mal Fotos von Wesen der Sphären gezeigt, welche Franz Bardon höchstpersönlich in den 1920ern gemacht hat. Des Weiteren schreibt Seila Orienta über die Sphären, über Dämonen, Logenkontakte und vieles, vieles mehr, was einem ehrlich strebenden Hermetiker das Herz übergehen lassen wird.

*

Das Leben des Franz Bardon
Hohenstätten

Dieses Buch beschreibt das Leben des Meisters außerhalb des Frabatos, welches seine Sekretärin – Otti V. – geschrieben hat. Es beinhaltet Erklärungen zu seiner „Biografie", weitere Einzelheiten über den Kampf mit der FOGC, seine Beziehung zu Wilhelm Quintscher und anderen Okkultisten, was alles bisher unbekannt war! Des Weiteren werden viele Erlebnisse seiner Schüler in Prag erzählt, verschiedene magische Leistungen und interessante Geschichten Bardons beschrieben, die bis dato unveröffentlicht sind. Es werden auch seine drei Lehrwerke und deren Wirkung auf die Öffentlichkeit von einem anderen, unbekannten Standpunkt geschildert, welcher durch bisher schwer zugängliche Schriften unterstützt wird. Als Krönung wird seine aus dem Tschechischen übersetzte „Runenschrift" zum ersten Mal veröffentlicht. Auch einige Seiten aus anderen unveröffentlichten Schriften von ihm sowie interessante Fotos des Meister Bardon und seiner Freunde werden hier preisgegeben und vieles, vieles mehr.

*

In Verbindung mit der Gottheit
Hohenstätten

Über das Thema der Gottverbundenheit mit all seinen Formen und

123

Methoden wurde bis heute noch nie ein Buch verfasst, geschweige denn eine Schrift geschrieben. Man findet in der okkulten wie in der östlichen Literatur nur spärliche Hinweise, die größtenteils verschlüsselt sind oder so geschrieben wurden, dass man sie kaum versteht. Im Gegensatz dazu wird in diesem Buch offen dargelegt, dass das 1. kleine Arkanum der 78 Tarotkarten die Gottverbundenheit in ihrer Reinform darstellt.

*

Hermetische Heilmethoden
Hohenstätten

Dieses Buch stellt in der okkulten Literatur ein absolutes Unikum dar, denn über die Gesamtheit der okkulten Heilmethoden wurde bis jetzt noch NIE etwas Sinnvolles geschrieben. Es werden alle Heilmethoden erwähnt, die der hermetische Schüler mithilfe seiner bisher erlangten Konzentrationsfähigkeit ausüben und verwenden kann.

*

Erste hermetische Zeitschrift

„Der hermetische Bund teilt mit" ist eine der wenigen magisch-mystischen Zeitschriften, welche sich soweit als möglich auf die universelle Lehre von Franz Bardon bezieht. Sie versucht sich an die Gesetze des 4-poligen Magneten zu halten und vermittelt Wissen sowie Hinweise für die Praxis, damit der Leser die Möglichkeit hat, sie in seinen hermetischen Weg aufzunehmen und für sich gewinnbringend zu verarbeiten.

Noch viel mehr hermetische Literatur finden Sie auf unserer Website: http://www.hermetischer-bund.com.

Viel Vergnügen beim Stöbern!

Der Verlag